「仏教論」シリーズ 1

# 八正道の心

THE SPIRIT OF THE EIGHTFOLD PATH

大川隆法

Ryuho Okawa

# まえがき

当会の仏法真理の歴史に関する基本書に『黄金の法』や『大悟《たいご》の法』がある。仏陀をはじめとする有名な仏教者についての簡潔《かんけつ》な叙述《じょじゅつ》がなされているが、登場人物とその基本的思想に焦点をあてて、一層専門的レベルの講義書が内部出版で出されている。

今回、幸福の科学大学創立にあたって、『仏教論』について取りまとめてほしいとの要望が文部科学省側から出されたので、私の仏教思想及びその解釈について、外部出版として公けにすることにした。仏教学の専門家の講義として十分に通用する内容であるので、幸福の科学大学の宗教的側面を支える力を持つものだと思う。

当会の仏教理解が十分に学問レベルに達しており、専門科目として教授するにたる内容となっていると思う。

本書を出発点として更なる仏教研究が可能になると考える。

二〇一四年　八月十日

幸福《こうふく》の科学《かがく》グループ創始者兼総裁《そうししゃけんそうさい》
幸福《こうふく》の科学大学創立者《かがくだいがくそうりつしゃ》　大川隆法《おおかわりゅうほう》

# 八正道の心　目次

# 八正道《はっしょうどう》の心

——『黄金の法』講義②——

二〇〇二年八月二十二日　説法《せっぽう》
東京都・幸福の科学総合本部にて

# 八正道《はっしょうどう》の心

――『黄金の法』講義②――

二〇〇二年八月二十二日　説法《せっぽう》

東京都・幸福の科学総合本部にて

# 1　八正道《はっしょうどう》について

## ①　何百年もかかって整理されてきた八正道《はっしょうどう》

私の著書『黄金の法』（幸福の科学出版刊）の講義として、仏教関係の話をしておきたいと思います。

ただ、『黄金の法』では、仏教のほうにも、かなりの数の人が出てくるので、いくら講義しても、そう簡単に終わるものではありません。一九九五年の説法《せっぽう》である『「黄金の法」講義』（宗教法人幸福の科学刊）では、「六波羅蜜多《ろくはらみた》」を中心に述べてあるので、今回は「八正道《はっしょうどう》」を中心に話をし、釈尊《しゃくそん》の思想の中心的なところを押《お》さえたいと考えています。

八正道の話は、『黄金の法』の第3章「悠久《ゆうきゅう》の山河《さんが》」の「思想としてみた釈《しゃ》迦《か》仏教(1)」のなかに入っています。そこでは、釈迦仏教の一番目の柱として、この世とあの世の関係を説き、二番目の柱として、時間論、縁起《えんぎ》の法を説き、三番目の柱として、八正道を挙げています。

この八正道に関しては、私の著書のなかで、『太陽の法』『仏陀《ぶっだ》の証明』『悟《さと》りの挑戦《ちょうせん》（上巻）』（いずれも幸福の科学出版刊）など、何冊かの本に出てきます。おそらく、四、五カ所ぐらい出ているでしょう。ただし、八正道の内容の説明は少しずつ違《ちが》っています。まったく同じことを二回も三回も書く必要はないので、そのつど、少しずつ違うことを書いてあります。

反省の方法については、人によって、何がヒントになるか分かりません。

「これだけをせよ」と言って、一つだけにすると、それが自分に当たらない人にとっては反省にならないので、多くの人の参考になるように、いろいろなことを書いてあるのです。

それがすべて必要かどうかは、人それぞれだと思います。そのなかのどれかについて反省すれば、それで十分な人もいるでしょう。その人の傾向《けいこう》によって、どの部分が特に大事であるかは違いがあると思います。

それでは、八正道の内容が、なぜ、そんなにたくさんあるのでしょうか。

仏教の二千五百年の歴史のなかで、現在に遺《のこ》っているようなかたちの経典《きょうてん》が成立するまでには、釈尊の没後《ぼつご》、四百年から五百年ぐらいはかかっています。

大乗《だいじょう》といわれる運動が本格化したのは紀元前一世紀であり、それが内容的に固まるのは紀元一世紀か二世紀ごろです。内容が固まるまでに、二、三百年かかっています。

釈尊は、大乗運動が始まる前に亡《な》くなっており、釈尊の没後、おそらく三百年ぐらいたってから、それまで口伝《くでん》で伝えられてきたものを、それぞれの流れを汲《く》む人たちが、新しく経典として制作したのです。

経典ができるまでに何百年もたっているので、その間《かん》、教義の整理がなされています。また、仏弟子《ぶつでし》のなかに学者が次々に出てきて、自分なりに解釈《かいしゃく》を加えたり、「これを入れたほうがよい」と内容を追加したりしています。

そのように、いろいろなかたちで整理がなされているので、最初の釈尊の思想の原形そのものとは、少し違うものになっているところがあります。

特に、内容が固まりすぎているものについては、あとから整理していったもののほうが多いと見てよいでしょう。最初から、そんなに固まった教えを説くはずはないのです。

八正道も、古い基礎的な経典群《ぐん》を見ると、八つの項目《こうもく》がまとまったかたちで出ているものはなく、部分的にしか出ていません。ばらばらに出てきているものを、あとでまとめたのは、ほぼ間違《まちが》いないのです。

八正道といっても、正見《しょうけん》を説き、「正見ができたら正定《しょうじょう》に入《はい》れる」というような説き方をして、正見と正定がつながっているものもあります。また、正語《しょうご》、正しい言葉を語ることの大切さについての教えも当然あり、言葉についてはかなり、いろいろなことを言っていますし、正思《しょうし》の内容も、そうとう、いろいろなものがあります。

したがって、八正道は、ある程度、整理されていったものと考えてよいと思います。

## ②　四諦《したい》・八正道《はっしょうどう》

私の著書でも、「四諦《したい》・八正道《はっしょうどう》」ということを述べています。『仏説《ぶっせつ》・正心《しょうしん》法語《ほうご》』（幸福の科学の根本経典。信者限定）にも書いてあるとおり、四諦とは「苦《く》・集《じゅう》・滅《めつ》・道《どう》」です。

「苦《く》」とは、「人生は苦しみである」という真理を見抜《みぬ》くことです。

この真理が分かっている人は、ほとんどいません。大部分の人は、人生を苦しみとは思っていないのです。「人生は苦しみである」という真理を悟っているのは一部の人だけです。

なぜ人生は苦しみなのでしょうか。その根拠《こんきょ》をたどれば、「この世は仮の世界、仮の世なのだ」ということに行き着きます。仮の世であるこの世を、完全な世界、永遠に続く世界のように思って生きているところに、人間の苦しみが生まれる原因があるのです。

「この世は仮の世であり、実在《じつざい》の世界ではないのだ」という目で見れば、みなさんが、この世で「幸福だ」「楽しい」「こうなったらよい」などと思っていることは、ほとんど逆であり、実際には苦しみの種《たね》をつくっていることのほうが多いのです。世界の真相を知らない人には、苦しみに見えないかもしれませんが、世界の真相を知った人から見れば、苦しみの世界であることが多いわけです。「そういう目で見なさい」ということです。

次に、「集《じゅう》」とは、苦しみの原因を探究することです。

そして、「こういう苦しみは、なくさなければいけない。苦しみから解放された世界に還《かえ》らなければいけない」と決意することが「滅《めつ》」の心です。

そのための道《みち》が「道《どう》」です。これは、伝統的には「中道《ちゅうどう》に入《い》る」ということであり、その中道の内容が実は八正道なのです。

「八つの正しい道（八正道）」と書く場合もあれば、「八つの聖《せい》なる道（八聖《はっしょう》道《どう》）」と書く場合もあります。

八正道について、「正しさの基準が分からない」と言う人もいますが、実は中道の「中《ちゅう》」が正しさなのです。

「中」とは何かというと、物事について両極端《りょうきょくたん》を考え、どちらも間違っているとして、そのあいだを取っていくことです。「両極端を否定しながら、その中《なか》なる道を探していくなかに、真実の生き方があるのだ」という考えです。

そういう意味で、正しさのところは極《きわ》めて難しいのですが、実際にこの正しさを求めていく方法が禅定《ぜんじょう》です。禅定によって、智慧《ちえ》を磨《みが》いていくこと、智慧を発見していくことが修行《しゅぎょう》なのです。

構造的には「四諦・八正道」と言われてはいるのですが、学者によっては、「四諦と八正道は別々に成立して、あとでくっついたのだ」と主張する人もいます。原始的な仏教では、ここまで固まっていたわけはないので、そういうところはあると思います。

ただ、現在では、「四諦・八正道」として、完成したかたちで伝わっているので、そういうかたちで理解したほうが、分かりやすくてよいでしょう。

みなさんは、「四諦・八正道」を、「完璧《かんぺき》にこのかたちでやれ」と言われても、難しくて、そう簡単にはできないでしょうが、それは二千五百年前の人々も同じだったのです。

しかし、「正しく見なさい。そうしたら解脱《げだつ》できるのですよ」「正しい言葉を語りなさい。そうしないと、あなたは苦しみから逃《のが》れられませんよ」などという言い方をされれば、一つひとつは簡単なので、スパッと分かるでしょう。

そのように、さまざまな説法《せっぽう》がされていて、それがまとめられていき、だんだん、あとになるほど固まってきたというように見てよいでしょう。

## ③　釈尊《しゃくそん》も初期には権威《けんい》を立てた

釈尊《しゃくそん》は、八正道について、「自分のオリジナルな教えではないのだ」というような言い方をしています。「私が悟った真理は、私のオリジナルではなく、古仏《こぶつ》たち、古《いにしえ》の仏陀《ぶっだ》たちも悟った道なのだ」というようなことを、何度も、くり返し、経典《きょうてん》のなかで述べているのです。

しかし、歴史上、釈尊以外に八正道を説いた人は一人もいません。したがって、この言葉は釈尊の謙遜《けんそん》と見るべきでしょう。あるいは、初期には、「自分がつくった」と言っても権威《けんい》がなかったので、何らかの権威が必要だったということかもしれません。

後世の仏弟子たちも何らかの権威を立てています。『法華経《ほけきょう》』では、こう説かれている」「釈尊の教えでは、こうなっている」「天台智顗《てんだいちぎ》の教えでは、こうなっている」などというように、昔のお経や祖師《そし》を権威として立てて、自分の意見を述べています。鎌倉《かまくら》仏教などは、こうしてできたものです。

釈尊も、最初のころは、そういう気持ちがあったのかもしれません。

当時のインドには自由な思想家がたくさんいて、釈尊も、出家《しゅっけ》した時点では、そういう修行者の一人であったことは間違いないのです。漢字では「沙門《しゃもん》」と書きますが、そういう自由な修行者であったわけです。

当時の伝統的な職業宗教家をバラモンといいます。バラモン階級という、生まれによって決まっている僧侶《そうりょ》階級があり、「ヴェーダ」の教えを中心とするバラモンの教えがありました。

ところが、これが崩《くず》れてきて、クシャトリヤという王侯貴族《おうこうきぞく》、武士階級からも出家者が出るようになり、そういう階級の人たちが宗教家になろうとする流れがずいぶんあったのです。もちろん、もっと下層《かそう》の階級からも出家者は出ていました。

当時は、古い教えに基《もと》づく、バラモン階級の教えに満足できずに、新しい思想を求める人がたくさん出ていた時代なのです。

そういうなかで、釈尊が出てきたのです。当時は、六師外道《ろくしげどう》など、いろいろな思想家がいて、釈尊もそのなかの一人だったのですが、時代が下《くだ》るにつれて、しだいに釈尊の存在が大きくなっていったわけです。

鎌倉時代に、いろいろな人が、それぞれ、「念仏《ねんぶつ》が正しい」「坐禅《ざぜん》が正しい」「『法華経《ほけきょう》』が正しい」などと言っていたのと同様に、釈尊の当時も、いろいろな人が、それぞれ、「この教えが正しい」と言っていたのです。そのため、人々の目には、どれも、よい教えのように見えていたのだろうと思います。

そういうなかで、釈尊は思想を説いたのですが、初期の段階では、「初めて発見した真理だ」とは言わずに、「古《いにしえ》の仏陀たちも、こういう考えを持っていたのだ」ということを強調したのではないかと思います。そして、その言葉が後世まで遺《のこ》ったのでしょう。

晩年には、そういうことは言っていないので、やはり、「初期には、そういう言い方をしていた」ということだと思います。

幸福の科学でも同じです。初めのころは、私も、まだ自分に権威がなかったので、少し前に活躍《かつやく》していた人の名前を出して、「高橋信次《たかはししんじ》の教えはこうだった」「谷口雅春《たにぐちまさはる》の教えはこうだった」などというように、「この人の教えはこうだった」という言い方をしていました。

その際、私が霊人《れいじん》の名前を、「高橋さん」とか「谷口さん」とか、「さん」付けで呼んだりしたら、それらの霊人が生前につくった教団にいたことのある人から、「あなたは三十歳《さい》でまだ若く、教団を始めたばかりなのに、『さん』付けで呼ぶのは失礼ではありませんか。『先生』と呼ぶべきでしょう」などと言われたこともあります。

今は、もう言われませんが、幸福の科学を始めて一年目のころは、そういうことを言われたのです。

現在では、私が霊人のことを「先生」と呼んだならば、「そんなに尊敬しているのですか」「その霊人のほうが偉《えら》いのですか」などと言われ、かえって疑問に思われるでしょう。

ところが、初期には、霊人を「さん」付けで呼んだら、「あなたはまだ、そんなに実績がないではありませんか。始まったばかりで、どうなるかも分からないのに、すでに実績が確立している人に対して、『○○さん』と呼ぶのは失礼ではありませんか。『先生』と呼ぶべきです」と、それらの霊人の教団で勉強していた人に言われたわけです。

そのため、「そうかもしれない」と思い、最初の三、四年は「○○先生」と呼んでいたのですが、今は呼びにくくなりました。なぜかといえば、それらの教団よりも、幸福の科学のほうが成功しているからです。

宗教を始めるときに、最初は古いものを立てるというのは、どこも同じです。宗教というものは、基本的に、権威を立てないとうまくいかないことが多いのです。この世だけの実力競争でやると、うまくまとまらないので、権威を立てるわけです。

古いものを権威として出してこられると、それに対しては文句《もんく》を言えないところがあります。現在ただいまのものであれば、切磋琢磨《せっさたくま》したり、攻撃《こうげき》し合ったりできますが、古いものを立てて、「これによれば」と言われると、何となく反論しにくいのです。

したがって、宗教においては、自分の意見を述べるときに、「自分の考えはこうだ」とはあまり言わず、「○○によれば」と古いものを挙げ、その人の考えのなかで自分にいちばん近いところを立てて、自分の説を説くというのが、基本的なやり方なのです。

そのように権威を立てるというのが、基本的には、この二千数百年の流れです。自分自身の意見ということでは、多くの人に聴《き》いてもらえないので、必ず権威を立てるのです。

そういう意味では、のちに、その教えを大きく弘《ひろ》める人が出てくると、権威として立てられた人が非常に偉くなってくることがあります。

大乗《だいじょう》の経典《きょうてん》は、それをつくった人たちがいるはずですが、大乗経典の作者は一人も名前が遺《のこ》っていません。なぜなら、大乗経典は全部、「仏説《ぶっせつ》」ということになっているからです。

大乗経典には、「仏陀が霊鷲山《りょうじゅせん》でこういう説法をした」「仏陀が祇園精舎《ぎおんしょうじゃ》でこんな説法をした」などと書いてあります。それは、「阿難《あなん》にこう言った」「舎利仏《しゃりほつ》にこう言った」「文殊《もんじゅ》にこう言った」「弥勒菩薩《みろくぼさつ》にこう言った」というように、「直接、仏陀から聴いた説法」というかたちになっているので、作者がいては困るのです。それで、作者の名前は書かれていないのです。

そのため、後世の人は、大乗経典をそのまま仏説であると考えました。そして、それを漢訳《かんやく》した訳者や、「このお経こそが本物の教えである」と主張して広げた人のほうが有名になり、お経を書いた人のほうは名前が分からないというかたちになっています。そういう関係です。

あとの人が、権威として立ててくれると、立てられた人は、偉くなるわけです。

仏陀も、「私の教えは、古《いにしえ》の仏が説いた教えと同じなのだ。古道《こどう》と同じなのだ」ということをよく言っていましたが、それを額面《がくめん》どおりには受け取れません。「仏陀も、初期には、やはり権威を立てたのだろう」と推定《すいてい》されるのです。

## ④ 思想が固まるまでには時間がかかる

「三宝《さんぽう》というものは、『仏《ほとけ》があって、法《ほう》があって、僧《そう》がある』というかたちであり、『仏《ぶっ》・法《ぽう》・僧《そう》』の順になっている」ということが理解できず、「古《いにしえ》の仏《ぶっ》陀《だ》があったではないか。釈尊《しゃくそん》は、『私は、古の仏が説いた教えを説いているだけだ』と言っているではないか」と言う人がいます。そういう言い方をすると、釈尊は、立場的に、鎌倉時代あたりのお坊《ぼう》さんと変わらないように見えます。

　そのように言って、「仏教は『法前仏後《ほうぜんぶつご》』である。法が先にあって仏があとにあるのだ。それに対して、キリスト教などは、神が先にあって法があとにあるという『神前法後《しんぜんほうご》』である。だから、仏教とほかの宗教は違うのだ」というようなことを主張する人もいるのです。

　しかし、それをそのまま認めるわけにはいきません。それを認めることは、仏教の地位を下げることになるのです。

　経典に「古《いにしえ》の仏陀」という言葉はよく出てくるのですが、それは、ほとんど初期の思想においてだけです。

　インドは宗教王国なので、釈尊の当時も、昔のいろいろな神の話がたくさんあったのは事実でしょう。そのため、釈尊は、「そういう昔の教えと自分の言っていることとは一致《いっち》しているのだ」ということを、最初のころには一生懸命《いっしょうけんめい》に言っていたのだと考えて間違いないのです。

その後《ご》、仏陀としての権威が立ってくると、古の神や仏を立てるようなことは言わなくなり、「自分の考えはこうである」という言い方をするようになっています。

また、「神々が仏陀を称賛《しょうさん》した」「神々がやってきて、仏陀のことを、『素晴《すば》らしい、素晴らしい』と言った」というような話が、経典にたくさん書いてあるのですが、仏陀がそういうことを言ったのは最初のころであって、だんだん言わなくなります。

この感じは私も非常によく分かります。私も、幸福の科学を始めたころは、宗教家で名のあるような人を立てて、「その人の思想と共通しています」という言い方をしたり、霊言集《れいげんしゅう》をたくさん出して、「菩薩《ぼさつ》がこんなに素晴らしいことを言っています」と、霊人の意見を紹介《しょうかい》したりしました。これは、釈尊で言えば、神々や梵天《ぼんてん》が出てきて釈尊と対話をしていた時代に相当するでしょう。

しかし、そのうちに、自分の考えを説くようになりました。流れは、やはり同じで、必ずそのようになるのです。

ところが、そういう流れの、どこか一部分の教えを取り出して、「これこそが本物だ」と主張すると、そこで意見が割れて、ぶつかることになるわけです。思想家というのは必ず成長していくものなのです。

そして、大を成すためには、やはり、ある程度は長生きをしなければ駄目《だめ》です。なぜなら、長い年数をかけないと、考えが固まってこないからです。短い期間しか活動できなかった場合には、たいてい、借り物の思想でやることになるか、自分としてはまだ信念がない段階で終わりになります。

長くやると、その途中《とちゅう》で落ちていく思想があるのです。加わってくるものもあれば、落ちるものもあり、「だいたい、これでいいかな」というかたちに考えが固まってきます。そうすると、あとは、それを押し広げていけばよいことになります。それまでのあいだは、いろいろなものが少しずつ入ってくるわけです。

したがって、「考えが固まるまでには一定の時間がかかる」と見てよいのです。

以上、八正道の周辺の話をしました。

# 2　心のなかを探究する

仏教に八正道《はっしょうどう》というものがあることを見れば、釈尊《しゃくそん》の修行《しゅぎょう》は、ただ坐禅《ざぜん》をして坐《すわ》っていただけではないことは明らかです。釈尊は心のなかを探究していたのです。

「心のなかを探究する」ということは、世間《せけん》の人たちには理解不能なことかもしれません。大部分の人は、それほど深い内面世界を持っていないので、「心」と言われても、油紙《あぶらがみ》が水を弾《はじ》くような感じで、すんなりとは入ってこないのです。

そのため、八正道の八つの項目《こうもく》も、社会科の暗記事項か何かのように、単に覚えるだけで、内容が理解できないわけです。

しかし、心というものは、探究していくと、だんだん深く耕せるようになっていくものなのです。

# 3　八正道《はっしょうどう》の第一 ──「正見《しょうけん》」

## ①　正しい信仰《しんこう》

八正道《はっしょうどう》の最初は「正見《しょうけん》」です。

これは、「正しく見る」ということです。

正見をつかむのは意外に難しいのですが、その正反対のものを考えると、理解は簡単になります。正見の反対は「邪見《じゃけん》」です。邪見を考えると、分かってきます。正見はなかなか分からないのですが、邪見は分かりやすいのです。

邪見の人はたくさんいるので、みなさんは、会ったことがあるはずです。仏《ぶっ》法真理《ぽうしんり》の伝道をしたら、すぐに会います。仏法真理が、自分の思想、信条《しんじょう》、考え方と合わなくて、真《ま》っ向《こう》から弾《はじ》いてしまうような人、何を言っても全然通じない人は、たくさんいるでしょう。それが邪見の人たちです。

その人たちが、精神的に異常であったり、この世的に見て極端《きょくたん》に悪人であったりするわけではありません。しかし、仏法真理に関しては、必ず弾いてしまって、まったく話が通じないのです。

友達であっても、そういうことはあります。学校の友達に仏法真理の話をしたら、完全に弾かれてしまうということがあります。

また、夫婦《ふうふ》や親子であっても、そうなることはあります。

兄弟でも、信仰心《しんこうしん》のある人とない人とが、やはり出てきます。兄弟であっても魂《たましい》は別々であり、過去にどういう魂であったかは、それぞれ違《ちが》うからです。

真理の世界になると、兄弟でも、学校の友達でも、まったく合わなくなることがあるのです。その人の考え方の基礎《きそ》に入っているものが違うし、真理を理解するためには、やはり、宗教的な素質《そしつ》というものが影響《えいきょう》するのです。

したがって、正見とは何かを知りたかったら、邪見を考えればよく分かります。邪見を否定したときに残るものが正見なのです。「何が真理を弾いているか」ということです。

同じ信仰を持っている者同士なら、すっと話が通じるのに、邪見を持っている人とは、まったく話の通じないことがあります。

邪見のなかには、唯物《ゆいぶつ》思想もあれば、唯物思想までは行かない、この世的な考え方もあります。例えば、新聞や雑誌に出てくる考え、学校の先生が言う考え、隣近所《となりきんじょ》の人が言う考え、信仰心を持っていない親の言う価値観など、いろいろなものがあるでしょう。そういうものを点検すればよいのです。

真理の道に入って、まだ日の浅い人は、正見の反省はなかなかできないので、まずは、「正しい信仰を持っているかどうか」ということを反省していただきたいと思います。「自分の信仰は正しいか。自分は正しい信仰心を持っているか」ということです。

邪教《じゃきょう》に長くいた人も、邪見がなかなか抜《ぬ》けません。

邪教を二十年も三十年も信仰していた人や、親の代からやっていた人などは、「幸福の科学に来て三年ぐらいになるから、もう大丈夫《だいじょうぶ》だろう」というように本人は思っていても、やはり、考え方にずれているところがあります。そのため、前の宗教にいたときに起きたことと似た局面が現れると、「前の宗教では、こうした」というような動きや考え方をすることがあるのです。

それを取り去ろうとしても、なかなか取れません。なぜなら、それは、その人自身の過去の集積であり、その人が大事にして集めてきたものだからです。自分が学んできたものを捨てるのは難しいのです。「過去に自分はこれを学んできた」というものを、「取り去りなさい。捨てなさい」と言われても、なかなか捨てられないのです。

「宗教的な知識がまったく入っていない人よりは、仏法真理が入りやすい」という面もありますが、「似たものであっても、別のものが入っていたら、違うものを入れるのは難しい」という面もあるわけです。

釈迦教団《しゃかきょうだん》も、他《た》の教団の信者だった人は、ストレートには教団に入《い》れず、しばらく試《ため》しの期間を置いています。人にもよりますが、他の宗教を長くやっていた人は、それが抜けるまでに時間がかかるので、三カ月ぐらいの期間を置いて、信仰が確かなものかどうかを見ていたのです。信仰が確かでない人を教団に入れると、攪乱《かくらん》要因になり、混乱が起きることがあるからです。

また、あまり見た目はよくないのですが、「本当に、その人は正しい信仰に入っているか」ということを試すようなこともしていました。例えば、その人が以前に六師外道《ろくしげどう》などの宗教をやっていた場合に、その宗教の間違《まちが》っているところ、「ここがおかしい」というところを、まわりで何人かが言ってみて、それを素直《すなお》に聴《き》けるようになっているかどうかを試すのです。

もとの宗教を批判されたり、もとの先生を批判されたりしたら、カーッと怒《おこ》るような人は、まだ、正しい信仰に入っていないということです。そこは、いったん整理しなければいけません。それを持ったままでは、新しい教えを聴いても、すっと入ってこないのです。

自分のなかで、前の教えと新しい教えがうまく同居しているつもりでいても、やはり、ずれがあり、違うところがあります。最初のうちは、両者が同居する時期も多少あるかもしれませんが、前の教えをどこかで捨てないと、新しい教えが入ってこないのです。

宗教は、みな、どこか似たところがあるので、「前と同じかな」と思うこともあるでしょうが、やはり、違うところが出てきます。そのため、どこかで、正しい宗教選択《せんたく》をしなければいけない時期が来るのです。

それをしないと、以後、勉強が進まなくなります。「前の宗教では、ああだった、こうだった」ということが、いつも出てきて、そのたびに悩《なや》んでいるようでは、やはり駄目《だめ》なのです。

いわゆる宗教天狗《てんぐ》になっている人は、「自分は、これだけやってきた」ということを自慢《じまん》したがります。「前の教団では、こんなに頑張った。こんな修行《しゅぎょう》をした」などと言うと、当会の人たちは、みな人がよいので、最初は「すごいですね」とほめてくれます。しかし、ずっと、そのような気でいると、修行が進まないのです。

したがって、捨てなければいけないことがあります。

こういう作業が正見の作業なのです。

## ②　如実知見《にょじつちけん》

さまざまな価値観など、自分がいろいろと吸収《きゅうしゅう》したものをいったん取り除《のぞ》き、「白紙の目で、ものを見る」ということが大切です。これを「如実知見《にょじつちけん》」といいます。「如実に、ありのままに見る」ということです。

正見《しょうけん》において、最初は「正しい信仰かどうか」ということを考えていただきたいのですが、ある程度、信仰が確立してきたら、次に、如実知見、「自分は、白紙の目で正しく見ているか。ありのままに見ているか。バイアスがかかっていないか。親が何十年か言ってきたことを、そのまま引き継《つ》いだ目で見たりしていないか」ということを考えていただきたいのです。

例えば、資産家は、やはり財産が好きなので、人間の偉《えら》さを、財産があるかないかで判断しがちですが、親が資産家で、そのようなことを二十年も三十年も家庭のなかで言い続けていたら、子供もその影響《えいきょう》を受けます。

そのため、子供も、人を見ると、まず金持ちかどうかを考え、「家はどのくらいの大きさか。土地はどのくらいの広さか」というような視点で相手を判断するようになったりします。

あるいは、車が自慢の家の人であれば、人に会うと、「あなたの車は何ですか」と車種を訊《き》いて、「その車に乗るような人は、まともな人だ」「その車に乗るような人は、派手な人だ」などと、相手を車で判断する人もいます。

現代では、人を学歴で判断することがいちばん多いでしょう。

もっとも、一つの学校には何千人も何万人も卒業生がいるのですから、卒業生全員が同じであるはずはないのです。

校風はあるでしょうし、ある程度、その学校の方針もあるでしょう。しかし、その学校に入った人が、みな同じような人になって卒業するわけではありません。一定のイメージはあるでしょうが、「この学校を出ているから、こうだ」とは必ずしも言いきれないのです。

ところが、たいていは、「この学校の卒業生ならば、こういう人だろう」というレッテルを貼《は》って終わりにすることが多いわけです。

学校に入る段階では、同じような学力の人が多いのでしょうが、入学後は、上は九十何点の人から、下は五十点も取れずに赤点になる人まで、いろいろです。また、卒業後も、各人の精進《しょうじん》のあり方は、ばらばらです。

学校による一定のイメージはあってもよいのですが、やはり、人による違いも分からなければいけません。

「白紙の目」で見ていない人は、家柄《いえがら》、お金、学歴、偏差値《へんさち》など、何か、そういうレッテルで人を見ています。

例えば、「医学部の人は、みな頭がよいのだろう」と思うかもしれませんが、医学部にだって、いろいろな人がいます。

また、理系の人は、みな機械が得意かというと、そんなことはありません。そのような見方は甘《あま》いのです。それは人によりけりであって、機械が好きな人もいれば、そうでない人もいます。

「白紙の目で見る」ということは難しいことです。どうしても先入観が入ります。過去に一定の基礎情報が入っているため、先入観があり、その先入観に基《もと》づいて、ものを見てしまいます。この先入観を外《はず》して、白紙のかたちで見る、仏法真理の立場から見るということは、難しいことなのです。

まず、この修行をしてください。

## ③　無常観《むじょうかん》

仏教学者によっては、「正見《しょうけん》は、難しいけれども、結局、無常観《むじょうかん》なのではないか。『無常の理《り》でもって見ることができるかどうか』ということなのではないか」と言う人もいます。これも一つの見方でしょう。

普通《ふつう》に、この世の教育を受け、経験を積んできた人は、残念ながら、無常観でもって世の中を見ることはできません。それは、やはり宗教的な真理を知っていないと、できないことなのです。

「この世は仮の世で、いずれ過ぎ去っていく世界であり、本当の世界は、あの世の世界である。肉体はいずれ滅《ほろ》びるが、そのなかにあるもの、魂《たましい》、永遠の生命《せいめい》のほうは生き続けるのだ」という目でもって見る見方があり、それを最も端的《たんてき》に言えば、無常観ということになります。

「諸行無常《しょぎょうむじょう》。この世のものは、すべて流れていき、移り変わっていくものだ」という目で見られるかどうかです。

こういう諸行無常の目で見ると、「執着《しゅうちゃく》だ」と言われているものが、全部、網《あみ》に引っかかってくるのです。

子供に執着していても、子供は、やがて大人になり、自立して、親から離《はな》れていきます。

財産は、「いつまでも、そのまま持ち続ける」ということはできません。

健康に執着しても、腰《こし》は曲がり、病気になり、やがて必ず死にます。この予言は外《はず》れません。悲しいけれども、誰《だれ》もが亡《な》くなって、火葬場《かそうば》で焼かれるのです。

会社に執着している人もたくさんいるでしょう。しかし、会社に執着しても、百年以上続く会社はほとんどありません。

先般《せんぱん》、あるテレビ番組を観《み》ていたら、大きな会社が、何千億円もの大赤字を出して、最大の危機《きき》を迎《むか》え、「創業者のやり方を捨てて、会社を立て直そう」と、必死に戦っている姿を放送していました。私はそれを観て、つくづく「大変だな」と思いました。

会社が大きければ、赤字は何千億円にもなったりします。社員のクビ切りも万単位の人数です。万の単位のクビ切りというと、一つの町というより市ぐらいの人口がクビになるわけですから、経営者は大変でしょう。

会社は、百年以上もつことは、めったにありません。しかし、ありがたいことに、宗教は、あちこちで二千年以上もっています。分裂《ぶんれつ》し、怪《あや》しげなかたちになりながらも、生き延びているので、「けっこうなことだ」という感じがします。

禅宗系《ぜんしゅうけい》は、八正道《はっしょうどう》さえも使わず、坐禅《ざぜん》をするだけで、何万ものお寺が、ご飯を食べています。そういうお寺の人に、「あなたは坐《すわ》っているけれども、そのときに何を考えているのですか。八正道の反省行《ぎょう》か何かをしているのですか」と訊《き》いても、「それは何ですか。『坐禅中は頭を空《から》っぽにしろ』と言われているのです」という感じでしょう。そのように、ただ坐っているだけでも、「○○宗《しゅう》」と称《しょう》してお寺が経営できているのです。

これは、釈尊《しゃくそん》の教えの、ほんの一部分しか使っていないでしょう。釈尊の四十五年間の説法《せっぽう》のなかの、ほんの少しを使っただけでも、二千年ぐらい、ご飯を食べられるのです。

念仏宗系《ねんぶつしゅう》もそうです。「南無阿弥陀仏《なむあみだぶつ》」は、釈尊から見れば、「私はそんなことを説いたかな。『南無釈迦牟尼仏《なむしゃかむにぶつ》』なら分からなくもないが、『南無阿弥陀仏』とは、よその仏を持ってきて、何を言っているのか」という感じも少しあるでしょう。しかし、それでも、ご飯を食べられるのです。

したがって、宗教というのは、すごいものだと思います。現代の会社が苦しんでいる姿を見ると、「宗教は偉いな」と、つくづく思います。ほんの一部の教えだけでも、大勢の人がそれをずっと続けられるのですから、「もとはどれほど立派であったことか」と考えれば考えるほど、すごいものだと思います。

宗教というのは宝の山です。同じく宝の山でも、ダイヤモンドや金《きん》の山であれば、大勢で持ち去ったら、なくなりますが、宗教というのは無限にわいてくる宝なのです。

なぜかというと、時代が変わり、人が変わっても、人間としての本性《ほんせい》は同じであり、人間が生きるべき道というのは、そう大きく変わるものではないからです。昔に説かれた教えでも、人間の心に関するものについては通用するのです。

この世のあり方は違っていても、心のあり方は変わりません。それは永遠にずっとつながっていくものです。生活様式が変われば、それに応じた解釈《かいしゃく》を、そのつど、新しい指導者が教えなければいけませんが、心の教えそのものは永遠に続いていくものなのです。

だから、宗教は無限なのです。この世のものは、巨大《きょだい》な会社であろうが、お金であろうが、宝石であろうが、何に執着しても、全部なくなりますが、この教えの部分はなくなりません。

体に関することではなく心に関すること、心を生き物のように見るならば、心の育て方、飼《か》い方ということ、これについて教えてくれるものは宗教しかありません。したがって、宗教はずっと続いていくのです。

## 4　八正道《はっしょうどう》の第二――「正思《しょうし》」

### ①　正語《しょうご》と正思《しょうし》の兼《か》ね合い

八正道《はっしょうどう》の二番目は正思《しょうし》です。

当会は、正語《しょうご》について、比較的《ひかくてき》、いろいろなことを教えています。

私は今回、わりに早い段階、最初の悟《さと》りを得る段階において、八正道《はっしょうどう》というかたちではありませんでしたが、正語のところに反省が入りました。私は、正語のところで、ずいぶん苦しみ、いろいろなことを考えたので、正語に対しては思いが深いのです（注。今世《こんぜ》、悟りを開いたときの順序として「正語」を八正道の第二番目にして説明したこともある。『「悟りの発見」講義』〔宗教法人幸福の科学刊〕参照）。

正見《しょうけん》は、前述《ぜんじゅつ》したとおり、意外に難しく、初期の段階、悟りを開く前の段階で、「正しい信仰《しんこう》」「正しい信条《しんじょう》」「正しい見解《けんかい》」などと言っても、そんなにスパッとは分からないものです。しかし、正語のほうは、わりと簡単に反省できます。

なぜなら、「正しく語ったかどうか」ということは、この世の法、ルールと、それほど大きく変わらないことだからです。

言葉をどう使ったかを点検して、正思との兼《か》ね合いで、「正しく考えたかどうか」ということを点検していくと、よく分かるのです。心のなかで思ったことというのは、なかなか点検しにくいのですが、外に出たものは、わりによく分かります。自分が発した言葉と、人から受けた言葉を分析《ぶんせき》していくと、心のあり方はよく分かってきます。

正語の反省は具体的なので、初心者にとっても、比較的やりやすいだろうと思います。

## ②貪《とん》・瞋《じん》・癡《ち》

八正道の本来の順序では、正見《しょうけん》の次は正思《しょうし》になっているので、正語《しょうご》の前に正思を説明します。

正思の反省の内容は、私の著書にも書いてありますが、「貪《とん》・瞋《じん》・癡《ち》」という「心の三毒《さんどく》」であり、さらに「慢《まん》・疑《ぎ》・悪見《あくけん》」まで入れると「六大煩悩《ろくだいぼんのう》」になります。要するに、煩悩の反省です。煩悩とは、心の迷《まよ》い、迷妄《めいもう》、心の曇《くも》りなど、悪《あ》しき精神作用《さよう》の総称《そうしょう》です。

何のために反省行《ぎょう》をするかというと、そういう、心が出したスモッグのようなものを取り除《のぞ》くためなのです。

宗教的な勉強が少し進んだ人は、正思において、煩悩のところを反省すればよいわけです。

まず、貪欲《とんよく》です。「あなたは欲が深くはなかったか」ということです。

これは、自分のことはなかなか分からないのですが、ほかの人を見ると、よく分かります。「あの人は欲が深いな。欲張《よくば》っているな」というのは、ほかの人が見れば、よく分かるものであり、まず外《はず》れません。自分については、そう簡単には分からないのですが、他人については、見れば分かるのです。

「あなたは、その程度の仕事能力で、そんなに出世したいのですか。その程度の仕事で、今以上の給料をもらいたいのですか」ということは、すぐに分かるでしょう。

また、「あなたは、その顔とその心で、そういう人と結婚《けっこん》したいのですか」「あなたは、その勉強量で、そんな一流の学校に行きたいのですか」などということも、他人のことであれば、すぐに分かります。

他人のことはよく分かるのですが、自分のことは分からないものなのです。したがって、反省をするためには、自我《じが》の立場を離《はな》れなければいけません。私は、よく「無我《むが》」を説いていますが、自我というものがピシッとあって、「これが自分だ」と思ってつかんでいると、まず反省はできません。自我の立場が強いと、他人しか見えず、自分は見えないのです。

自我の立場から離れるということが無我なのです。自我の立場から離れて、自分を外から見るようになると、自分の間違《まちが》っているところが分かるわけです。欲は、誰《だれ》にでもあります。悪いことばかりではなく、正しいことについても欲はあります。

例えば、高校野球の監督《かんとく》やコーチが、「甲子園《こうしえん》に出て優勝したい」と思っているとします。しかし、自分のチームがどのくらい強いか分からないまま、優勝する可能性のないようなチームを朝から晩までしごきまくったならば、選手はみんな体を壊《こわ》して入院してしまうでしょう。

これは、欲が過ぎたために失敗したことになるわけですが、本人には、それが分かりません。そういうものなのです。

この欲のところを見るためには、自分を客観的な目で見なければいけないし、人々の反応もよく見なければいけません。自分の欲が過ぎているかどうかを知るためには、他《た》の人の反応をよく見ればよいのです。それは他の人にはよく分かるものなのです。あまり他の人からの反発や批判が多くなってきたら、「自分は何か間違っているのではないか」と考えなければいけないことがあります。

これが「貪《とん》」です。

次は、「瞋《じん》」、怒《いか》りの心です。これは、よく分かると思います。客観的に、目で見て分かります。

ただ、その怒りが、本能的に怒《いか》っているものなのか、それとも、本当に、上の者の立場で正しく導くために怒っているものなのか、ここの判断が難しいのです。

立場が上の人は自分の怒りを必ず正当化します。「部下を鍛《きた》えるために怒ったのだ」「教えるために怒ったのだ」「これは教導《きょうどう》の怒りだ」などと、いろいろ言います。それは、そうかもしれないし、そうでないかもしれないので、その辺はよく見ないと、単に虫の居所《いどころ》が悪いだけの場合もよくあるのです。

自我が固まってくると、それがなかなか見えないので、やはり、無我の立場でなければいけません。

怒りは、自分の体にも悪いのですが、他の人にもいろいろな影響《えいきょう》を残すので、気をつけなければいけないところがあります。

ただ、怒ってよい場合もあります。それは、相手が間違っていて、止《と》めないと転落するような場合です。「このままだと、駄目《だめ》になる」という場合には、心を鬼《おに》にして、叱《しか》ってあげなければいけない、怒《おこ》ってあげなければいけないのです。相手が間違った考えを持っていて、「このままでは、この人は駄目になる」と思ったら、「自分は悪人だと思われるだろうな」と思いつつも、心を鬼にして言わなければいけません。

そういうことを自覚して言っている場合には、それは「生かす愛」でしょうから、おそらく正しい怒《おこ》り方でしょう。自分を客観視して、「相手に嫌《きら》われるだろうが、心を鬼にして言わなければいけない」と思っているようなときは、理性的な怒《いか》りです。そういうことをしなければいけないときもあるのです。

人間は間違いを犯《おか》すものであり、特に、経験の浅い人、若い人は間違いが多いので、言ってあげなければいけない場合もあります。その辺はよく区別してください。

ただ、いつも怒《おこ》っているような人は、本能のままに怒っていると見て、まず間違いないので、そういう人は、少し胆力《たんりょく》をつけて、忍耐《にんたい》するようにしなければいけません。

それから、「癡《ち》」です。これも難しいところです。「愚癡《ぐち》」というと、今では、「自分のことを愚癡る」というような言い方をしますが、もともとは、そういう意味ではなく、「愚《おろ》かなこと」という意味なのです。愚かな心、迷妄《めいもう》、迷い、これが愚癡です。

この癡もつらいことです。「私は、なんと愚かなのだろう」と反省できるかどうかを考えると、厳しいものがあります。これも、他人のことはよく分かるのですが、自分のことはなかなか分かりません。

自分の愚かなところが分かるのであれば、すでに直しているはずです。それが分からず、直せないから、誰《だれ》が見ても失敗だというようなところまで行《い》ってしまうのです。失敗して初めて、「自分は愚かだな」と思うわけですが、失敗しても、なかなか認めず、取り繕《つくろ》って、次のことをしたりします。自分の愚かさが分かる人は賢《かしこ》いと言えますが、なかなか分からないものなのです。

ここで言う愚かさは、学校の勉強における賢さや愚かさとは別なものです。賢さや愚かさには、もう一つ、人間としての賢さと愚かさがあるわけです。そのため、世の中には、勉強はできても愚かな人がたくさんいるのです。

それは、世の母親たちの多くが経験していることでしょう。「学校の勉強はあんなにできて、あんなによい学校へ行ったのに、どうして、うちの子は、こんなに愚かなのだろう」というようなことが、やはり、あるのです。これは不思議です。

直感というか、ひらめきというか、そのときの一瞬《いっしゅん》の判断において、ピシッと当たる人と、外《はず》れる人とがいるのです。これは知識の量とは関係がありません。悲しいことですが、読み筋《すじ》が当たる人と当たらない人がいるのです。

本当に賢い人は、転落していくような場合には、その転落のプロセスが事前に読めてしまうのですが、そうでない人は、実際に転落してしまうまで分かりません。転落してもまだ分からない人もいます。そういう人が地獄《じごく》にいるのです。

転落することが自分で分かる人は、ある程度、すぐに反省ができますが、転落しても分からない人は、地獄で一生懸命《いっしょうけんめい》に亡者《もうじゃ》をやっています。そのくらい、分からないものなのです。

悪魔《あくま》でさえ、自分が愚かであることは認めません。みな、「自分は賢い」と思っているのです。

自分の愚かさを認めるのは難しいことです。

このように、仏教というものは、「徹底的《てっていてき》に、本来の自己を取り戻《もど》し、迷える自己を叩《たた》き出す」という、自分との闘《たたか》いなのです。

### ③ 慢《まん》・疑《ぎ》・悪見《あくけん》

「貪《とん》・瞋《じん》・癡《ち》」のほかに、「慢《まん》・疑《ぎ》・悪見《あくけん》」もあります。

「慢《まん》」とは、慢心《まんしん》、うぬぼれの心、人に自慢《じまん》したい心です。

あるいは、優《すぐ》れた人を見ても、「あの人と自分とは、ほんの少ししか違《ちが》わない。本当は自分も偉《えら》いのだ」と思うような心です。自分のほうが劣《おと》っていると分かっても、その劣っている程度を、「ほんの少しだけだ」と思うような心です。他の人との差が、本当はかなりあっても、それを認めない気持ちです。こういう心も慢です。

「大したことはない。まぐれだ」とか、「ちょっと運がよかっただけだ」とか、そういうことをひとくさり言って、「自分と、そう変わらないのだ」というような言い方をすることがよくあるでしょう。これも実は慢なのです。

慢というのは、自慢だけではありません。優れた人と自分とを、「そう変わらない」という言い方をしたり、自分が劣っていても、「それは少しだけだ」という言い方をしたりすることも慢です。

これは、客観的には他人の努力を認めていないということでもあるのです。自分は努力をせず、他人はたくさん努力をしているのに、そのことを認めないということです。

慢には、自慢の心だけでなく、自分と他人との差を認めたくない心、「あまり差がないのだ」と思う心もあるので、気をつけてください。

「疑《ぎ》」は、疑《うたが》いの心です。猜疑心《さいぎしん》の強い人はたくさんいるでしょう。これも苦しみのもとです。気をつけてください。

ただ、疑の心が賢《かし》こさにつながる場合もあります。

マスコミは、疑の心が職業原理になっており、それを捨てたら失業してしまうので、それは捨てられないでしょう。「疑い」でもって、ご飯を食べているのですから、別の意味で「すごいな」とは思います。

ただ、マスコミは、ときどき、よいこともします。疑の心には問題がありますが、「嘘《うそ》を暴《あば》く」ということにおいて、正義を実現しているのです。正語《しょうご》の内容には「嘘をつくなかれ」ということがありますが、マスコミは「嘘を暴く」という仕事をしているわけです。

疑いの心のところはよくないのですが、「嘘を暴く」というところで得点があるので、失点と得点を平均すると、「プラス・マイナス・ゼロ」ということになります。悪いことをしようとする人の嘘を暴くというのは、得点ではあるのです。

ただ、「いつも、疑いでもって、すべてを見ていく」という性格では、天国に行くのは難しいので、気をつけなければいけません。

マスコミが、なぜそこまで疑うのかというと、そうしなければ、ご飯が食べられないからです。そこまでやらなくても食べていけるのであれば、そうしないのですが、記事になるような情報は、世の中にそんなにあるものではないので、疑って疑って、悪人をつくりでもしていかないかぎり、ご飯が食べられないのです。「いない場合には、つくり出す」というのが一部のマスコミの基本方針であり、悪人をつくり出せば食べていけるわけです。

しかし、ちょっとやりすぎであり、この部分は地獄領域です。要するに、マスコミは過当《かとう》競争の状態まで行《い》っているということでしょう。

「悪見《あくけん》」は、間違った見方ということです。これは、宗教的な邪見《じゃけん》以外にも、さまざまな間違った考え方があり、それを全部併《あわ》せたものです。

以上が正思《しょうし》です。

## 5　八正道《はっしょうどう》の第三 ──「正語《しょうご》」

正思《しょうし》の次は「正語《しょうご》」です。

正語の一般的《いっぱんてき》な内容は、まず、「嘘《うそ》、偽《いつわ》りを言ってはいけない」ということです。これは、道徳的にもそのとおりです。

次は、「二枚舌《にまいじた》を使わない」ということです。

この二枚舌は、宗教的な人には比較的《ひかくてき》多いのです。性格が弱いために、そうなるわけです。AさんとBさんに違《ちが》うことを言ったり、告《つ》げ口《ぐち》をしたりして、けんかをさせるようなことをするのは、弱い人に多いのです。

こういう言い方をすると、「差別だ」と怒《おこ》る人がいるかもしれませんが、二枚舌を使う人には、やや女性的な人が、わりに多いのです。相手に直接、「あなたは駄目《だめ》だ」と言えない場合に、ほかの人に何かを言って、その人とけんかをさせるわけです。そういう感じの二枚舌が多いのです。

さらに、「綺語《きご》を言わない」ということです。綺語とは飾《かざ》り言葉です。

例えば、ある人が自分のことをずいぶんほめてくれるので、「いい人だな」と思って付き合っていると、その人は、誰《だれ》に対しても同じように言っているということがあります。いわゆる「おべんちゃら」です。お世辞《せじ》を言ったり、おだてたりすることです。

これは、本心から言っているならよいのですが、自分にとって都合《つごう》がよいからといって、習性で、いつも言っている人の場合は、度が過ぎると、やはり地獄《じごく》領域に入ります。

商売上、綺語を言う人はいます。「毎度あり。お客さん、○○ですねえ」などと言って、お客さんの機嫌《きげん》をとることは、商売上の潤滑油《じゅんかつゆ》として、ある程度は許されるでしょう。お互《たが》いに、そういうものだと了解《りょうかい》しているからです。お客さんの悪口《わるくち》を言っていては商売ができないので、商売上の綺語は、ある程度、しかたがないと思います。

しかし、商売ではなく、単に自分がほめられたいために、おべんちゃらや、きれいな言葉を言ったり、あるいは、「相手を利用してやろう」と思って、そういう言葉をよく使ったりしている人には、やはり、どこかで、しっぺ返しが来ます。

特に、おべんちゃらを言う人には、劣等感《れっとうかん》を持っている人が多いのです。過去に失敗の経験が多い人は、世渡《よわた》りの術《じゅつ》、潤滑油として、人をおだてたり、おべんちゃらを言ったり、人をほめ上げたりする傾向《けいこう》があります。そういうことを言うと、「いい人だ」と言ってもらえるからです。

ただ、地位も低く、仕事のレベルも大したことのない段階においてはよいかもしれませんが、ある程度、仕事が固まってきたり、地位を得てきたりしたならば、気をつけなければいけません。やはり、立場相応の言い方というものがあるのです。

平社員のときはよかったとしても、部長になってからも一生懸命《いっしょうけんめい》におべんちゃらを言っていたら、相手はそれを本気にしてしまいます。「部長さんが言ったのだから、本当なのだろう」と思ってしまうのです。

そのため、影響力《えいきょうりょく》の大きい立場になったときには、言葉に気をつけて、抑《おさ》えた言い方をしなければいけません。

このように、言葉にはいろいろな問題があるので、言葉をよく点検してください。これが正語《しょうご》です。

## 6　八正道《はっしょうどう》の第四――「正業《しょうごう》」

それから、「正業《しょうごう》」です。

これは「正しい行為《こうい》」ということです。ずばり言えば、「きょう一日、正しい行為をしたか」ということを考えればよいのです。

ただ、正しい行為といっても、職業によっていろいろと違《ちが》うので、一般化《いっぱんか》しにくいところがあります。

道元《どうげん》は、正業を、永平寺《えいへいじ》などのお寺での、お坊《ぼう》さんの修行《しゅぎょう》生活のところに持ってきています。お坊さんには、朝起きて読経《どきょう》をしたり坐禅《ざぜん》をしたりする修行があります。また、いろいろな立《た》ち居振《いふ》る舞《ま》いがあります。こういう、お坊さんとしての修行のことを、道元は正業と言っています。お寺であれば、そうなるでしょう。

道元は、そのように、お坊さんとしての仏事《ぶつじ》、法要系《ほうようけい》のものを正業とし、それ以外の生活面のほう、すなわち寝《ね》たり食べたりすることのほうを正命《しょうみょう》としています。これは珍《めずら》しい例です。

私は以前、正業のことを正業《しょうぎょう》と言って、「正しい仕事」という意味を持たせたことがありますが、それは道元的な考えなのです。道元的には、そういうことになります。お寺のお坊さんなら、読経をしたり坐禅をしたりすることが仕事なので、それが正業《しょうごう》なのです。

正業のもともとの思想、オリジナルな思想は、「戒律《かいりつ》に違反《いはん》する行為をしてはいけない」ということです。

例えば、「殺すなかれ」ということです。

まさか「人間を殺すな」ということまで言わなくてもよいだろうと思うかもしれませんが、実際に殺す人がいるので、やはり、ときどき言わなければなりません。「人を殺してはいけません」と言われて、「えっ、知らなかった」という人がいるかもしれないし、仏教以外の宗教には、「殺してもよい」と言う宗教もあるので、いちおう、言っておかなければいけないでしょう。

人は、みな、「一生、修行したい」と思っているので、その機会を途中《とちゅう》で奪《うば》うことは、よいことではありません。少なくとも、正しい行為ではないのです。

また、人間以外の生き物もたくさんいますが、生活の必要上、どうしても肉や魚などを食べなければいけないので、「生き物を殺すなかれ」ということには一定の限度があります。実際に殺される現場を見たら、かわいそうで、なかなか食べられるものではないのですが、そういう殺生《せっしょう》をするのが肉食の種族の性《さが》のようなものです。

仏教は、後世、菜食主義《さいしょくしゅぎ》になっていますが、釈尊《しゃくそん》の時代はそうではありませんでした。托鉢《たくはつ》のときには、一般の人たちが食べているものをお椀《わん》に入れてもらうので、当然、肉や魚も入るわけです。したがって、当時は肉も魚も食べていました。

ただし、自分への布施《ふせ》のために殺されたものや、殺されるところを見たものについては、食べてはいけないことになっていました。お坊さんをもてなすために、「ニワトリを一羽《いちわ》、絞《し》めました」「今、ブタを一頭、殺してきました」というようなことがあってはならないので、お坊さんは、そういうものを食べてはいけなかったわけです。

要するに、「むやみな殺生はしないようにしよう」ということです。

そして、「盗《ぬす》むなかれ」というものもあります。

これも一般的なことなので、あまり言いたくはないのですが、やはり言っておかないといけないこともあるのです。万引《まんびき》や置引《おきびき》、スリ、強盗《ごうとう》、自転車や車の泥棒《どろぼう》も駄目《だめ》です。親兄弟や友人の金品《きんぴん》を、相手の了解《りょうかい》を得ないで勝手に持ち去るのも駄目です。

これは、単に物を盗むことだけではなく、「与《あた》えられていないものを取ってはいけない」ということなので、応用範囲《はんい》は広いでしょう。

現代であれば、情報も、その対象になります。自分が入手する立場にない情報を入手したような場合には、盗みになるでしょう。

さらに、「邪婬《じゃいん》をするなかれ」という邪婬戒《かい》もあります。

宗教にとって、この婬戒《いんかい》は非常に難しいものです。世界の宗教を見ても、この点については、ばらばらであり、統一がとれていません。

婬戒のところは、その拠《よ》って立つ原点を考えると、基本的に、「職業的に認められないものは、いけない」「家庭生活にとってマイナスになることは、してはいけない」「社会全体の安定に反するようなことは、勧《すす》められない」という、この三つぐらいが点検基準になります。

「職業的に認められないもの」とは、例えば、高校の先生が女子生徒を誘惑《ゆうわく》したりすることです。「愛し合っているのだ」と言っても、それは職業的に許されないでしょう。あるいは、警察官が、逮捕《たいほ》した被疑者《ひぎしゃ》の女性と仲よくなるということも、職業上、やはり困ります。

また、夫婦《ふうふ》の生活上、あまり極端《きょくたん》に家庭が崩壊《ほうかい》するようなものについては、よろしくありません。

それから、社会全体がマイナスに傾《かたむ》くような考え方には、やはり賛同しかねます。個々人は好きでやっていたとしても、社会全体としてそれを認めたら、社会が悪くなるようなものについては、やはり、ある程度の防波堤《ぼうはてい》が要《い》るでしょう。フリー・セックスを認めているラエリアン・ムーブメントのような宗教も行きすぎでしょう。

大まかに言って、だいたい、この三つについては戒《かい》があってよいと思います。ただ、個別の問題については、いろいろな考えがあり、各宗教の意見は必ずしも一致《いっち》していません。

これについては、説明すると長くなるので、親鸞《しんらん》の話でもするときに、詳《くわ》しく述べることにしたいと思います。

# 7　八正道《はっしょうどう》の第五 ―「正命《しょうみょう》」

## ①　規則正しい生活

次は「正命《しょうみょう》」です。

これは「正しい生活」ということです。現代的に言うと、一般的《いっぱんてき》には、「規則正しい生活」と考えてよいでしょう。真理に則《のっと》った生活です。

当会で言えば、「『仏説《ぶっせつ》・正心法語《しょうしんほうご》』を読誦《どくじゅ》したり、反省をしたりしながら、規則正しく、きっちりと、社会人としての務めを果たしているか。だらしない生活をしていないか」ということです。お寺の生活で言えば、片付け物や掃除《そうじ》など、しなければならないことがいろいろあるでしょう。こういう規則正しい生活というのが、だいたい基本です。

昔のもののなかには、正業《しょうごう》のところで述べた、職業にかかわることまで、この正命に含《ふく》めているものもあります。

職業のなかでも、よく言われているのは、特に宗教に関係したものについてです。「邪命説法《じゃみょうせっぽう》」といって、「間違《まちが》った宗教で、ご飯を食べたりすることはいけない」ということが言われています。

間違った宗教のなかに入れられているものに、どういうものがあるかというと、例えば易《えき》や占《うらな》いです。「易や占いなどで生計《せいけい》を立ててはいけない。そういうもので、ご飯を食べてはいけない」ということだったのです。

みなさんのなかには易者《えきしゃ》や占い師もいるかもしれませんが、心の教えもしっかり学んでください。

また、現代の霊感《れいかん》商法ではありませんが、「宗教で人を騙《だま》してご飯を食べることはよくない」ということが言われています。宗教の世界でも、食糧《しょくりょう》を手に入れるために、いろいろと嘘《うそ》をつく人も出てくるので、「そういうかたちで生計を立ててはいけない」ということが言われていたのです。

## ②　時代による考え方の変化

正命《しょうみょう》については、時代によって考え方が変わってきています。

初期の仏教教団においては、托鉢《たくはつ》が基本であり、自分たちで生計を立てるということはしていませんでした。「生き物を殺してはいけない」ということだったので、猟《りょう》をすることは、もちろんできないし、農作業も、ミミズなどの生き物を殺してしまうため、釈尊《しゃくそん》のころは、していなかったのです。そのように、生活の足しになることをしなかったわけです。

ところが、後世は違《ちが》います。仏教教団のあり方は、仏教が中国に入ってからは、ころっと変わりました。例えば、百丈和尚《ひゃくじょうおしょう》という人は、「一日《いちじつ》なさざれば、一日食《く》らわず」ということを言い出します。これは、「働かざる者、食うべからず」という言葉のもとになったものです。そのように、お寺でも農作業をやりはじめました。

これは釈尊の定めた戒律《かいりつ》には反しているのですが、今、大乗《だいじょう》の観点から見て、間違っているとは思いません。インドと中国では、地理上の位置が違い、環境《かんきょう》が異なるからです。

インドは暑い国なので、裸《はだか》でも暮《く》らせますし、外で寝《ね》ることもできます。しかし、中国のような寒い国では、衣服が要《い》りますし、雪が降ったら、家がないと暮らせないでしょう。そのため、家と衣服がインドよりも重装備になります。そういう意味で、多少の財力が必要になるので、ヒッピーのような生活はできないのです。

また、中国のお寺は山奥《やまおく》にあることが多く、そこから麓《ふもと》まで托鉢《たくはつ》に出るのは大変です。しかし、仙人《せんにん》のように霞《かすみ》を食べて生きていくわけにもいかないため、山で畑を耕すようになったのです。

これは当然だと思います。だからこそ、数多くの僧侶《そうりょ》が山で生活できたのです。

私の著書『大悟《たいご》の法』（幸福の科学出版刊）のなかにも書いてありますが、禅《ぜん》宗《しゅう》の五祖弘忍《ごそこうにん》には弟子《でし》が七百人もいたと言われています。それだけの人数がよく生活できたものだと思いますが、やはり、畑をつくっていたのです。

お坊《ぼう》さんたちは、あまり肉食はしないので、畑だけで十分に食べていけます。お米と野菜ができれば、お坊さんとしては生活できるのです。人手があれば畑は幾《いく》らでもつくれるので、五百人も千人もいたら、かなり大規模な農園を展開することが可能です。坐禅《ざぜん》ばかりしていると体が痛くなるので、多少は農作業などをしたほうがよく、一石二鳥《いっせきにちょう》なのです。

もちろん、街の人が食物《しょくもつ》を寄付《きふ》してくれることもありましたし、新しくお寺を建てたりするときには、当然、寄付をもらわなければなりませんでしたが、生活自体は、だんだん自分たちでやれるようになっていったのです。

## ③ 違法《いほう》な生活はいけない

前述したように、昔のものには、正命《しょうみょう》の内容として、「規則正しい生活」ということ以外に、ちょっと職業上の問題が入っている場合もあります。これは、現代的に言えば、「違法《いほう》な生活はいけない」ということです。

原始仏教の時代にはありませんでしたが、麻薬《まやく》や覚醒剤《かくせいざい》などに浸《ひた》ったりするような生活が、これに当たります。

お酒やたばこについては、お酒の会社やたばこの会社に関係している人もいるでしょうし、全面的に禁じても無駄《むだ》であることは分かっているので、そうはしませんが、健康を害さない程度にはセーブ（抑制《よくせい》）をかけたほうがよいでしょう。

昔は、正命のなかに「不飲酒《ふおんじゅ》」というものが入っていました。「酒を飲んではいけない」ということです。

以前にも述べたことがありますが、これには、インドのお酒が非常に質の悪いものであったという事情もあるのです。昔のインドでは、椰子《やし》の樹液を採取し、それを発酵《はっこう》させて、お酒にしたのですが、この椰子酒《ざけ》は非常に悪い酒で、飲むと、べろべろになり、飲んだ翌日は、二日酔《よ》いで、頭は痛いし、何もできなくなるわけです。そのため、「椰子酒を飲んではいけない」ということであったのです。

ただ、後世、仏教教団が上座部《じょうざぶ》と大衆部《だいしゅぶ》に分裂《ぶんれつ》するときに、「酒は駄目《だめ》でも、発酵前の汁《しる》、ジュースは飲んでもよいだろう」という意見が出てきました。

私も、まだお酒になっていないものならよいと思います。

お金についても、最初は、「お坊さんはお金をもらってはいけない」ということになっていましたが、しだいに貨幣《かへい》経済が発達してくると、やはり、物をもらうよりもお金をもらうほうが便利だし、物をもらうと困ることもあるため、「多少はお金を蓄《たくわ》えてもよいのではないか」という意見が出て、後世、仏教教団が分裂するのです。

これは、しかたのないところがあります。時代に合わせたところはあるのです。

したがって、私も、あまり厳しいことは言わないようにしています。

ただ、反省や瞑想《めいそう》をするときには、お酒は控《ひか》えてください。お酒を飲むと、一発で反省や瞑想はできなくなります。

大乗《だいじょう》仏教のほうでは、「薬湯《やくとう》」などと称《しょう》してお酒を飲んでいます。これは、ためであろうと推定《すいてい》されます。寒い所では、体を温めるのに、お酒がちょうどよかった日蓮《にちれん》も、お酒をもらって喜び、返礼《へんれい》の手紙を書いています。この辺は、地域によって、多少、違いがあります。

特に禅宗系《ぜんしゅうけい》では、北国《ほっこく》で坐禅《ざぜん》をしていると体が冷えるので、ほとんどの人がリウマチと痔《じ》になって寿命《じゅみょう》を縮めています。暑い国での習慣を寒い国で行うと、そのようになるのです。南のほうの暑い国であれば、坐禅をしてもリウマチになどなりませんが、雪が降る所だと、リウマチや痔になってしまうのです。そのため、いろいろな薬が要《い》るようになったりするわけです。

# 8　八正道《はっしょうどう》の第六 ──「正精進《しょうしょうじん》」

それから、「正精進《しょうしょうじん》」です。

これは、「正しく道に精進《しょうじん》しているか。正しい努力をしているか」ということを点検すればよいのです。

「常に、悪の種《たね》をまかないようにし、もし悪の種をまいてしまったら、それを早めに刈《か》り取るようにする。

また、善の種をまくようにし、すでにまいた善の種については、それを育てるようにする。よいことをしたら、それを育てていくようにする」

そのように、「正しい努力をしていきなさい」ということです。

# 9　八正道《はっしょうどう》の第七――「正念《しょうねん》」

## ①　正念《しょうねん》のさまざまな内容

その次は「正念《しょうねん》」です。

正念については、「正しい気配り」という言い方をする人もいれば、「正しい集中力」と言う人もいるし、「正しい記憶《きおく》」と言う人もいます。このように、いろいろな言い方があります。

正念の内容として、「正しい記憶」と言われると、「どういうことだろう」と思うかもしれませんが、昔は、今と違《ちが》って、テープレコーダーもなければビデオもなく、ノートもなかったので、弟子《でし》たちは仏陀《ぶっだ》の説法《せっぽう》の内容を覚えなければいけなかったのです。

そのため、実を言うと、「正しく記憶する」ということは非常に大事なことだったのです。仏陀がどういう説法をしたかということを覚え、それを暗唱できなければいけなかったわけです。

昔のインド人の記憶力は非常によかったのです。仏教以前にも、バラモン教の「ヴェーダ」などの教えが大量にありましたが、それは、書かれたもので伝わっていたのではなく、長年、口承《こうしょう》で伝えられていたものなのです。彼らは、その内容を全部覚えていて、それを最初から暗唱できたのです。

今でも、イスラム教では、『コーラン』を全部、暗唱する人がいます。

昔は、雑情報が入らなかったというか、ほかに勉強することがなかったという事情もあるのでしょうが、当時の弟子たちは仏陀の基本的な説法の内容を覚えたのです。

みなさんは、私の説法を聴《き》き、家に帰ってから、それを全部、再現することができるでしょうか。無理でしょう。釈迦《しゃか》弟子たちからは、「みなさん、頭が悪いですね。一時間ぐらいの説法なら、私たちは、それを全部、再現できますよ」と笑われることになります。

釈迦弟子たちは非常に頭がよく、聴いた説法を全部覚えて、そのとおりに再現できました。そして、四百年も五百年もたってから、それが経典《きょうてん》になっているわけです。もちろん、経典には、あとで付加された部分もありますが、彼らは説法を丸ごと覚えて復唱することができたのです。

彼らは、聴いた説法を忘れないために、禅定《ぜんじょう》をしながら復唱していました。

「こういう話であった」ということを、何回も、くり返し復唱して覚えたのです。

したがって、正念《しょうねん》というのは、勉強でもあり、非常に大事なことでした。今では、文明の利器が発達しているため、人々は記憶力が非常に悪くなっています。情報が多くなったということもありますが、記憶力も悪くなっているのです。

正念は、もともとは、そういう「正しい記憶」ということでした。ただ、一般的には、「正しい注意力」ということであり、「いろいろなことに注意し、気をつけて修行《しゅぎょう》しなさい」ということなのです。

「いろいろなことに、きちんと気をつけなさい。身の回りのこと、他《た》の人の修行している姿や言葉、あるいは、立《た》ち居《い》振《ふ》る舞《ま》い、作法《さほう》などに気をつけなければいけない。道を歩くときには、生き物を踏《ふ》みつぶさないように気をつけ、托鉢《たくはつ》するときにも、いろいろ気をつけなければいけない」ということです。

そのように、正念を「正しい注意力」と言ってもよいと思います。そういう解釈《かいしゃく》もありますし、それも実際に行っていたことでしょう。

さらに、もう少し時代が下《くだ》ると、正念が、念仏《ねんぶつ》の意味、「正しく仏を念《おも》う」という意味に変わってくるようになります。これは、直接に仏陀と会うことができなくなった時代のものであることは明らかです。直接に会うことができないので、仏のことを念って、瞑想《めいそう》に入るわけです。これが念仏のもともとのかたちです。

その後《ご》、しだいに、その念仏が、「南無阿弥陀仏《なむあみだぶつ》」と言葉を称《とな》えるかたちに変わっていきますが、もとは、「仏のことを念う」ということが念仏であったのです。

このように、正念には、記憶、いろいろな気配りや注意力、念仏といった、さまざまな考え方があります。

## ② 四念処《しねんじょ》

それ以外に、正念《しょうねん》の内容として、「四念処《しねんじょ》」といわれるものがあります。これは後世に整理されたものだと思います。

四念処とは、「四つの念ずる処《ところ》」ということであり、「身《しん》・受《じゅ》・心《しん》・法《ほう》」の四つをいいます。

「身《しん》」とは体のことであり、「体は不浄《ふじょう》であり、穢《けが》れている」ということです。

「ゆえに、このようなものに執着《しゅうちゃく》してはいけない」というわけです。体じゅうの穴《あな》という穴から、いろいろな粘液《ねんえき》や汚《きたな》いものがたくさん出ますし、垢《あか》も出ます。「体というものは、きれいなものではない。体は不浄である」と見て、執着、欲望を断《た》とうとするのです。

「受《じゅ》」とは感受作用《かんじゅさよう》のことです。「受は苦《く》である。感受作用によって感じるものは、みな苦痛である」ということです。

「心《しん》」とは心《こころ》のことであり、「心は無常《むじょう》である」ということです。「心というのは、とどまっていることがなく、常《つね》に変化変転してやまないものである。心は、常《じょう》なるものではなく、移《うつ》り変わっていく、そういう無我《むが》の性質を持っているものなのだ」ということです。

「法《ほう》」とは、「教え」という意味ではなく、「物体」という意味です。インドの言葉では、法のことを「ダルマ」というのですが、ダルマには、たくさんの意味があり、そのなかには物体という意味もあるのです。

これは、「この世の物事は、すべて無我である。我《が》なるものがない。真なる実体は、実はないのだ。この世のものは無我なのだ。法は無我である」ということです。

すなわち、「建物や、さまざまな財物《ざいもつ》などに執着しても、そういうものは、本来、自性《じしょう》がない。自性があるものは、ずっと存在し続けるけれども、自性がないものは、やがて滅《ほろ》びていくものであり、執着しても、しかたがないのだ」ということです。

このように、「身《しん》・受《じゅ》・心《しん》・法《ほう》」の四つを念ずる「四念処《しねんじょ》」というものがあります。「身《み》は不浄である。受は苦である。心は無常である。法は無我である」

と、否定的な内容が続いています。

これは結局、最初に述べたとおり、「この世が生きやすくてしようがない。肉体に関することが楽しくてしようがない」という考え方を否定しようとしているのです。

この四念処を正念《しょうねん》に入れる場合もあります。

ただ、これは後世に成立した考え方であり、念に関する問題を整理し、まとめて、正念に入れたものだと思います。

この四念処を行うと、それなりに執着が取れて、最後の「正定《しょうじょう》」に入りやすくなるので、そのように正念を捉《とら》えてもよいと思います。

# 10　八正道《はっしょうどう》の第八 ――「正定《しょうじょう》」

## ①　心の平静

八正道《はっしょうどう》の最後は「正定《しょうじょう》」です。

八正道は、最初の正見《しょうけん》から論理的にずっとつながってきて、最後に正定が来るのです。

定《じょう》については、またいろいろと教えることもたくさんあるのですが、基本的には、まず「心の平静」というものをつかむことが大事です。「平静な心は、それ自体で価値《かち》があるものだ」ということを知らなければ、仏教の初歩が分かっていないのと同じです。

心が波立《なみだ》っているかいないか、心が穏《おだ》やかであるかないか、この区別もつかないようでは話になりませんが、現実の会社生活などにおいては、「心は波立っていないか。心は穏やかであるか」というようなことは、話題にもならないでしょうし、そういう話をされても、何のことを言っているのか、さっぱり分からないかもしれません。

ただ、近年、脳波《のうは》について、アルファ波《は》というものがずいぶん話題になっています。脳波にはアルファ波やベータ波があり、ベータ波は、雑念がわき、心が乱《みだ》れているときに出て、アルファ波は、心が非常に穏やかなときに出るとされています。

「瞑想《めいそう》をしている人の脳波を機械で測ると、アルファ波が検出《けんしゅつ》される」ということが分かっています。坐《ざ》禅中《ぜんちゅう》の禅僧《ぜんそう》の脳波を測ると、やはりアルファ波が出ており、「正しく定《じょう》に入っていることが科学的に立証された」と言われています。

このアルファ波の状態というか、穏やかな状態に入ると、前述した「貪《とん》・瞋《じん》・癡《ち》」の心が薄《うす》れてきて、平明《へいめい》な心になってきます。

それは、穏やかで澄《す》んだ湖面に満月がきれいに映るような、そういう状態の心であると言ってよいでしょう。

湖の上で風が吹《ふ》いて、湖面に波が立っていたら、満月はきちんと映りませんが、湖面が鏡のように穏やかになっていたら、満月はくっきりと映ります。真理というものを満月にたとえるならば、「心が澄みきって穏やかな状態でないと、真理を映すことはできない」ということです。

そういう澄みきった穏やかな心を取り戻《もど》すことによって、この世の雑波動《ざつはどう》から逃《のが》れることができ、天上界《てんじょうかい》との心の交流が始まるのです。

## ② 六次元以上の世界との交流

釈尊《しゃくそん》は初期に、禅定《ぜんじょう》の指導において、ある程度のレベルまで行《い》った人に対し、「これで、もう、あの世の欲界《よくかい》には生まれ変わらない」と言っています。

欲界とは、「地獄《じごく》・餓鬼《がき》・畜生《ちくしょう》・阿修羅《あしゅら》・人間《にんげん》・天上《てんじょう》」の六道《ろくどう》をいいます。

欲界には天上界の一部も入っていますが、天上界といっても低いレベルの天上界であり、欲界の多くは地獄界《じごくかい》であると見てもよいでしょう。

欲界、六道は、非常に人間的な世界です。この六道に生まれ変わる人は、心のコントロールができずに翻弄《ほんろう》される人です。

自分で心をコントロールし、心の波立ちを抑《おさ》えて禅定に入ること自体が、すでに六道の世界に通じなくなるということを意味しています。この世に生きながら、六道の上の世界に通じることができるということです。

これは、現代的に言えば、六次元光明界《こうみょうかい》以上の精神世界に通じるような心になるということです。禅定に入って心を調和させることによって、そういう精神世界に通じるようになるのです。

そういう人は、死後、六道輪廻《ろくどうりんね》の世界には入りません。さまざまな、この世的な欲望に振《ふ》り回されるような、人間的な世界には入らないのです。

インドでは、この世に生まれることだけでなく、あの世へ行くことも、「生まれる」「生まれ変わる」と言います。「あの世の畜生道《ちくしょうどう》に生まれる」「阿修羅《あしゅら》道《どう》に生まれる」などという言い方をするのです。

インドでは、「死後、四十九日《しじゅうくにち》で行き先が変わる」と言われていますが、あの世に生まれ変わることと、この世に生まれ変わることが、混同されています。そのため、死んで四十九日たつと、この世に生まれ変わるようにも思えるし、あの世に生まれ変わるようにも思えるのです。

禅定の意味は、欲望の世界から離《はな》れて、心を調和させ、統一することにあります。そうすることによって、心は、あの世の六道の世界に通じなくなり、当然、地獄界には心が通じなくなって、この世にいながら、六次元以上の世界に通じるようになってきます。死後は、当然、その六次元以上の世界へ行くことになりますが、この世に生きているうちに、その世界に通じるようになるのです。

## ③ 修行《しゅぎょう》の段階

この世に生きているあいだに、欲望の世界である欲界《よくかい》には通じないで精神世界に通じるような心をつくることを、「阿羅漢《あらかん》の状態になる」といいます。

また、「死後、六道の世界に行かない」という段階のことを、「不還《ふげん》」といいます。これは阿羅漢より一つ下の段階です。

さらに、不還の一つ下には「一来《いちらい》」という段階があって、これは、「もう一回、この世に生まれ変わらなければ、悟《さと》りの世界には行けない」という段階です。

そして、一来の一つ下にあるのが、「預流《よる》」という段階です。

修行《しゅぎょう》においては、まず、初心者のレベルとして、「預流」という段階があります。これは、「流れに預《あず》かる」ということで、「信仰《しんこう》の流れに入って、他《た》の修行者たちと同じような修行ができるようになる。俗界《ぞくかい》とは違《ちが》う世界に入る」という段階です。

預流においては、初心者であるとはいっても、「修行者としての初心者」ということであり、俗界の人とは違います。そういう、「信仰に基《もと》づいて修行をしている」という預流の段階があります。

その上が「一来《いちらい》」です。これは、「今回は解脱《げだつ》することはできないけれども、今世《こんぜ》でこれだけ努力して、宗教の修行を積んだので、もう一回、生まれ変わったら、次は、きちんと悟りの世界へ入《はい》れる」という段階です。

さらに、その上が「不還《ふげん》」です。これは、「還《かえ》らず」ということで、「死後に、六道の世界に行かない。六道輪廻《りんね》の世界ではなく、その上の世界、いわゆる天《てん》界《かい》のほうに還れる」という段階です。

インドでは、六道輪廻というのは、洗濯機《せんたくき》のなかで回されるような、非常に忙《いそが》しく生まれ変わるものと考えられていたので、「そういう生まれ変わりは嫌《いや》だ」と言われていたのです。

ただ、この不還は、「この世に還ってこない」という捉《とら》え方をするのではなく、「欲望の世界である欲界には、もう還らない」という意味に取るべきでしょう。

その上の段階が「阿羅漢《あらかん》」です。阿羅漢は、「死んでから、その世界へ行く」ということではなく、「生きたままで、そういう精神世界と交流する」という境地です。実際に、あの世の世界のことが見えたり聞こえたりする人もいるし、いろいろな神通力《じんつうりき》がついてくる段階なのです。

スウェーデンボルグは、「あの世の人と会えるということは、その間《かん》、その人は死んでいるのだ。死んでいるから、死んだ人が見え、死んだ人と話ができるのだ」と言っています。そういう意味では、私は、しょっちゅう〝死んでいる〟ことになるでしょう。

阿羅漢になると、「死んでから〝成仏《じょうぶつ》〟できる」ということではなくて、生きているうちに、死んだのと同じ状態になるのです。

「生きているけれども、死んだ状態になる」ということは、「不死《ふし》を得た」ということであり、ある意味では、「死なない」ということと同じになります。要するに、肉体は死ぬとしても、心は生《い》き通《どお》しの自分になっているわけです。心はもう死ななくなったのです。こういう不死を得た状態が阿羅漢です。

客観的に見ると、阿羅漢の人は後光《ごこう》が出ています。また、いろいろな霊的《れいてき》感覚を持つようになり、守護霊《しゅごれい》と、かなり同通できるようになります。

修行者たちは、この阿羅漢の境地を目指して禅定《ぜんじょう》の修行をしていたのです。この阿羅漢の上には菩薩《ぼさつ》の世界があります。菩薩には幾《いく》つ段階があるか、ご存じでしょうか。五十二段階です。菩薩になれたら、「やった」と思うかもしれませんが、菩薩には五十二の段階があります。仏教は非常に厳しいのです。

菩薩の上が仏ですが、「仏に段階を付けてはいけないだろう」ということで、仏には段階を付けません。

したがって、仏教では、「悟りの世界には五十三段階ある」ということになります。これが「東海道五十三次《とうかいどうごじゅうさんつぎ》」のもとになったとも言われています。五十二段目までは菩薩の位《くらい》です。五十三段目が仏であって、「ここから先は分からないので、仏は仏にしておきましょう」ということになっています。

「菩薩に五十二の段階があって、これだけの修行を達成したら、こういう菩薩になれる」という考え方が、後世、何百年もかかって、いろいろとできているわけです。

このように、悟りの世界には、菩薩に五十二段階、仏に一段階、合計で五十三段階あることになっています。しかも、これは阿羅漢の上にあるものです。阿羅漢の上に五十三段階もあるというのであれば、「みんなが仏になれる」という思想は、どういうことでしょうか。それは、非常に単純《たんじゅん》な考えであり、百点満点で二十点か三十点程度を合格点と考えているということでしょう。

そういう意味では、一仏乗《いちぶつじょう》、「みんなが仏になれる」という思想には、少し甘《あま》いものがあります。

仏教の伝統的な考え方では、それほど細かい見方をするのです。

# 11　天台智顗《てんだいちぎ》と一念三千《いちねんさんぜん》

## ①　三千種類の世界

『太陽の法』（前掲《ぜんけい》）にも書いてありますが、天台智顗《てんだいちぎ》の教えに「一念三《いちねんさん》千《ぜん》」というものがあります。

彼は、なんとも細かい、三千種類の世界を考案《こうあん》しています。非常に緻密《ちみつ》な頭脳です。ほかの人では、さすがに、ここまではできないでしょう。

この一念三千の考え方は八正道《はっしょうどう》とつながっているのです。

天台智顗は、カントやヘーゲルも驚《おどろ》くぐらいの、すごい人だと思います。天台智顗にカントやヘーゲルをぶつけたら、どちらの頭のほうが緻密でしょうか。西洋の哲学者《てつがくしゃ》たちも、三千種類までは考えが行かないのではないでしょうか。「ここまでやられたら、かなわない」と、逃《に》げ出すかもしれません。

『太陽の法』の第2章に、一念三千論の説明が出ています。

中国では、「白髪三千丈《はくはつさんぜんじょう》」というように、数が大きいことのたとえとして、「三千」という数字をよく使うので、一念三千もそういう比喩《ひゆ》なのだろうと思うかもしれませんが、実は、きちんと掛《か》け算をして三千という数を出しているのです。

## ② 十如是《じゅうにょぜ》

『法華経《ほけきょう》』を勉強する人にとって大事な考えとして、「十如是《じゅうにょぜ》」というものがあります。これは、「如是相《にょぜそう》・如是性《にょぜしょう》・如是体《にょぜたい》・如是力《にょぜりき》・如是作《にょぜさ》・如是因《にょぜいん》・如是縁《にょぜえん》・如是果《にょぜか》・如是報《にょぜほう》・如是本末究竟等《にょぜほんまつくきょうとう》」の十個であり、「この世のあらゆる物事は、この十種類を見れば、違《ちが》いが分かる」ということです。

如是相《にょぜそう》とは外見です。如是性《にょぜしょう》とは性質です。如是体《にょぜたい》とは、その体がどういうものでつくられているかということです。如是力《にょぜりき》とは、どんな潜在的《せんざいてき》な力を持っているかということです。如是作《にょぜさ》とは、外に表れる作用《さよう》です。如是因《にょぜいん》以降もありますが、こういう十種類を見れば違いが分かるということです。

例えば、Aという人間がいたときに、その人がどういう人かを知るには、この十種類を見ればよいのです。

如是相《にょぜそう》。その人は、どんな外見をしていますか。顔つきを見てください。

如是性《にょぜしょう》。どんな性格の人ですか。性質を見てください。

如是体《にょぜたい》。どんな体ですか。体つきはどうですか。

如是力《にょぜりき》。その人は、どんな力、潜在能力を持っていますか。

如是作《にょぜさ》。それが、どんな作用を表していますか。

如是因《にょぜいん》。その人は、どんな原因行為《こうい》をしていますか。

如是縁《にょぜえん》。その原因行為を助けるための、どんな条件を持っていますか。例えば、家庭、家族とか、学校とか、原因を助けるものがいろいろあるでしょう。

如是果《にょぜか》。そして、どんな結果が出てきていますか。

如是報《にょぜほう》。その人の行ったことによって、どんな報《むく》いが来ていますか。

如是本末究竟等《にょぜほんまつくきょうとう》。以上の一番目から九番目までの全部を見て、それぞれが、どんな関係にありますか。全体を見て、どうですか。

この十種類の見方をすれば、「これがAさんである」と確定できるというわけです。

この十種類を全部見れば、「これがあなたである」という具合に、その人とほかの人との違いが明らかに出るということです。人間を見る際には、この十種類を見ればよいという考えです。

これが十如是《じゅうにょぜ》です。

## ③　十界《じっかい》と百界《ひゃっかい》

さらに、伝統的な考え方として、「十界《じっかい》」というものがあります。人間には、地上に出てくる前にいた世界があります。これを、「地獄《じごく》・餓《が》鬼《き》・畜生《ちくしょう》・阿修羅《あしゅら》・人間《にんげん》・天上《てんじょう》・声聞《しょうもん》・縁覚《えんがく》・菩薩《ぼさつ》・仏《ほとけ》」という十個の世界に分類します。細かく言えば、もっとありますが、伝統的な考えでは、大まかに言って十界になるということです。

このうち、「地獄《じごく》・餓鬼《がき》・畜生《ちくしょう》・阿修羅《あしゅら》・人間《にんげん》・天上《てんじょう》」の六道《ろくどう》が欲界《よくかい》であり、欲望からまだ十分に逃《のが》れていない人が転生輪廻《てんしょうりんね》をする世界です。「声聞《しょうもん》」以降の四つは、仏教修行《しゅぎょう》をした人の行く世界であり、天上界《てんじょうかい》のなかの高い世界です。

この十種類の世界があり、そのなかに、自分が出てきた出身地があるということです。

もちろん、当会の教えでは、「地獄にいる人も、いったん天国に還《かえ》ってから地上に生まれてくる」と説いています。しかし、魂《たましい》の履歴書《りれきしょ》を見れば、どの世界の住人であったかということが分かるわけであり、そこに、「地獄に何百年いて、やっと天国へ上がれたので、生まれてきた」ということが書いてあれば、その人の〝本籍《ほんせき》〟は地獄ということになります。

そのように、出自《しゅつじ》を言えば十種類あるわけですが、この十種類の心は、実は、この世に出てきた人間でも、出すことはできるのです。

例えば、菩薩界《ぼさつかい》から生まれてきた人は、「地獄」の心を出せないかというと、そんなことはありません。きょう、すぐにでも、出そうと思えば出せるのです。

地獄界をつくろうと思えば、つくれます。人を殴《なぐ》ったり、どなったり、怒《おこ》りまくったりすれば、一発で、すぐに「地獄」になります。

また、何かを強く欲《ほ》しがって執着《しゅうちゃく》を持てば、「餓鬼《がき》」になります。人間ではない動物のような心を起こせば、すぐに「畜生《ちくしょう》」の世界に入ります。闘争《とうそう》に燃《も》えれば、「阿修羅《あしゅら》」になります。

「人間」とは、普通《ふつう》の人間、凡人《ぼんじん》です。

「天上《てんじょう》」とは、「あの人は、ちょっと、ましかな。上品な人だな」というあたりの人です。

この天上までは、普通の、凡人の世界です。

「声聞《しょうもん》」とは、仏陀《ぶっだ》の説教《せっきょう》を聴《き》いているような人、あるいは、仏法真理《ぶっぽうしんり》の本を読んでいるような人です。

「縁覚《えんがく》」とは、独《ひと》りで修行をしているような人、修行者として先生を目指しているような人です。

「菩薩《ぼさつ》」とは、人々を救うために活動している人です。

そして、菩薩の五十二段階を超《こ》えたら、「仏《ほとけ》」の世界に入ります。

これらの心は、長い時間は出せなくても、一瞬《いっしゅん》とか三十分ぐらいとかならば出せるでしょう。例えば、説法《せっぽう》を聴いているあいだは、声聞の心を出せるでしょう。菩薩の心だって出すことはできるでしょう。

ただ、ずっと、その心ではいられないのが悲しいところです。きょうは菩薩の心でいたかと思えば、翌日は餓鬼《がき》になっていたりするというのが、人間の悲しさです。

この世の人間は、そういう十種類の心を出すことができます。もともとの出身地が十種類ありますが、この世においても十種類の心をすべて出すことができるのです。

地獄出身の人が仏の心を出すことは、一生に一回あるかないかかもしれませんが、菩薩界出身の人が仏の心を出すことは、もう少し頻度《ひんど》が高いでしょう。

このように、心のあり方について、「もともとの出身は、この世界である」「今は、こういう心で生きている」というように、二つの観点から点検ができるのです。

「あの人は阿修羅界《あしゅらかい》から来ている人なのに、なんと、仏の心を出すことができた」という人もいるかもしれませんし、「あの人は声聞《しょうもん》の出身だったけれども、仏の心になった」という人もいるかもしれません。

このように、現在は仏の心が出ていたとしても、もともとの出身は違うことがあるので、表面だけで判断せずに、裏側《うらがわ》も見なければいけません。〝人事部〟の記録を見ながら、表面に出ている行動を判定するのです。裏と表《おもて》の両方を見るわけです。嫌《いや》らしいといえば嫌らしいかもしれないし、細かいといえば細かいかもしれません。

十種類の心について、それぞれ裏側からも見ると、「十掛《か》ける十」で百種類の表れ方があることになります。これを「百界《ひゃっかい》」といいます。表向きは十種類でも、裏側にも十種類あるので、実は百種類あるということです。

菩薩の行為《こうい》といっても、本来の菩薩が菩薩の行為をしているのと、仏が少し手を抜《ぬ》いて菩薩の行為をしているのと、地獄の鬼《おに》が菩薩の行為をしているのとでは、同じく菩薩の行為であっても、同じではないのです。

それを全部併《あわ》せると、百種類のあり方があります。これが百界です。

## ④ 三種世間《さんしゅせけん》

さらに、その百種類の心を出す場、フィールドとして、三種類の世界、「三種世間《さんしゅせけん》」（「三世間《さんせけん》」ともいう）があります。

一番目は「衆生世間《しゅじょうせけん》」です。これは人間の世界です。人類は、いろいろな人が一緒《いっしょ》に住んでいます。

二番目は「五陰世間《ごおんせけん》」です。人間をつくっている要素は、「五陰」といって、「色《しき》・受《じゅ》・想《そう》・行《ぎょう》・識《しき》」の五つです。「色《しき》」は肉体、「受《じゅ》」は神経の感受作用《かんじゅさよう》、「想《そう》」は想い、「行《ぎょう》」は行為する力（意志）、「識《しき》」は認識作用です。

客観的に、そこに対象が存在していても、「色・受・想・行・識」という五つの感覚で捉《とら》えなければ、認識することはできません。それをどれで捉えているかということです。「肉体で捉えているのか。神経の感受作用で捉えているのか。想いで捉えているのか。行為する力（意志）で捉えているのか。認識力で捉えているのか」ということです。どれで捉えているかによって、対象の見え方が違ってきます。

人は、人間社会のなかにいて、その影響《えいきょう》を受けながら、みずからは、この「色・受・想・行・識」という五つの感覚で見ているのです。

三番目は「国土世間《こくどせけん》」です。あの世ではない、この世の世間です。人は、日本の国、地球、自由主義圏《けん》、民主主義社会など、自分の置かれている環境《かんきょう》によって、かなり制約を受けています。

共産主義圏に生まれている人と、自由主義圏に生まれている人とでは、当然、人間の違い、人種の違いもありますが、「色・受・想・行・識」という五つの感覚においても、感じ方が違っています。

例えば、衆生世間を人種の違いで捉え、アフリカ人と見たり、砂漠《さばく》地方のイラク人と見たり、日本人と見たり、アメリカ人と見たりしたとします。当然、人間が違います。

また、それぞれの人間が、「色・受・想・行・識」という感覚によって、いろいろな捉え方をします。どこに重点を置いて見ているか、肉体感覚中心に見ているのか、感受作用中心に見ているのかなどによって違いが出てきます。

つまり、「この人はどういう人か」ということを判断するときに、相手の人の表れ方を見て、見る側の人たちは、自分の目で見たり、手で触《ふ》れて感じたり、心のなかで想ったり、どう行動すべきか考えたり、トータルで認識したりします。そのように、それぞれ、捉え方が違うのです。

それから、国が違ったり、社会が違ったり、会社が違ったり、そういう環境が違います。

そのように、人が違い、「色・受・想・行・識」のどの感覚で捉えるかの違いがあり、さらには、住んでいる世界が違います。

こういう三種類の世界に生きているのだということです。

## ⑤ 百界千如《ひゃっかいせんにょ》と三千種世間《さんぜんしゅせけん》

十如是《じゅうにょぜ》に百界《ひゃっかい》を掛けると千になり、これを「百界千如《ひゃっかいせんにょ》」といいます。それに三種世間を掛けると「三千種世間《さんぜんしゅせけん》」になり、ここで三千という数字が出てきて、一念三千《いちねんさんぜん》になるのです。非常に手が込《こ》んでいます。

これに近いレベルの考え方ができる人は、ほかには空海《くうかい》ぐらいしかいないでしょう。空海も、『十住心論《じゅうじゅうしんろん》』などで、こういう段階論《だんかいろん》、弁証法《べんしょうほう》のようなものをたくさん説いています。

みなさんは、ここまで緻密《ちみつ》な頭脳ではないことを〝幸福〟だと思ってください。ここまで細かく認識する人が、世の中には、たまにいるのです。

ここまで行かない人は、人を見て、「いい顔をしているな」「いい声をしているな」「いい体をしているな」とか、「東大を出ているのか」とか思い、それで、だいたい終わりです。

そのくらいで満足して、あとは判断しない人にとっては、世の中は単純《たんじゅん》なものであり、一種類ぐらいで終わりなのです。ところが、人を三千種類ぐらいに分ける人も世の中にはいるわけです。

ただ、実際にあの世の世界へ行くと、四次元から九次元までの各階層は、さらに非常に細かく分かれています。三千種類までは分かれていないかもしれませんが、何十種類もの世界に分かれているのは事実です。

十如是《じゅうにょぜ》があり、「それぞれの人が、過去世《かこぜ》の心を引きずりながら、今世《こんぜ》において、いろいろな心を出す」という「十界互具《じっかいごぐ》」の考えがあり、天台智顗《てんだいちぎ》の一念三千論《いちねんさんぜんろん》があるわけです。

天台智顗の思想は八正道とかなり連動しています。ここまで細かく突《つ》き詰《つ》めたのですから、偉《えら》いといえば偉いものだと思います。彼は、「震旦《しんたん》の釈迦《しゃか》」、すなわち「中国の釈迦」と言われていました。

その天台智顗の教えを最澄《さいちょう》が日本に移入して、そこから天台本覚《てんだいほんがく》思想ができています。天台本覚思想とは、「みんな、生まれつき、悟りを開《ひら》いているのだ。みんな、仏なのだ。もともと仏である者が、また仏になっているだけなのだ」という思想です。

それに対して、道元《どうげん》は、「修行もしていないのに仏になるというのは、おかしいのではないか」と批判して、比叡山《ひえいざん》を下《お》り、宋《そう》に留学したのです。

天台智顗の考えは一念三千なので、天台智顗の考えと最澄の考えは合っていません。したがって、最澄の考えは間違っているわけです。

あれだけ天台教学《きょうがく》をやったにもかかわらず、最澄は本家本元《ほんけほんもと》の考えが理解できていなかったのです。そのため、その後《ご》、最澄の転落等があるわけです。

後世の人たちは、最澄の影響《えいきょう》をかなり受けていますが、はっきり言って、彼は天台智顗ほどは頭がよくなかったということです。三千種類も分けるほど頭がよくないので、一種類だけにして、「みんな仏になれる」ということにしたのです。

菩薩《ぼさつ》だけでも五十二段階あるのに、その下をさらに分けたらどうなるかと考えると大変ではありますが、人間の種類は決して単純ではなく、そういう細かいところを見ていかないと、修行にはならないということです。

この講義では、八正道、そして天台智顗について述べました。

これによって、「『黄金の法』と『太陽の法』の大事なところ、心の内面の心臓部についての学びができた」というように理解したいと思います。

『八正道の心』大川隆法著作関連書籍

『太陽の法』（幸福の科学出版刊）
『黄金の法』（同右）
『大悟の法』（同右）
『悟りの挑戦（上巻）』（同右）
『悟りの挑戦（下巻）』（同右）
『沈黙の仏陀』（同右）

※左記は書店では取り扱っておりません。最寄りの精舎・支部・拠点までお問い合わせください。
『「黄金の法」講義』（宗教法人幸福の科学刊）

『「黄金の法」講義①』（同右）
『「悟りの発見」講義』（同右）

八正道《はっしょうどう》の心《こころ》―『黄金の法』講義②―

2014年8月23日　初版第1刷

著　者　大《おお》川《かわ》隆《りゅう》法《ほう》

発行所　幸福の科学出版株式会社

〒107-0052 東京都港区赤坂2丁目10番14号
TEL(03)5573-7700
http://www.irhpress.co.jp/

印刷・製本　株式会社 東京研文社

落丁・乱丁本はおとりかえいたします

ISBN978-4-86395-526-4 C0014

## 大川隆法 ベストセラーズ・仏教思想の真髄とは

# 悟りの挑戦（上巻）

### いま、新たな法輪がめぐる

本書は仏陀自身による仏教解説であり、仏陀・釈尊の悟りの真相を明らかにする。その過程で、仏教学の誤りや、仏教系諸教団の間違いをも闡明にしている。

1,748円

---

# 悟りの挑戦（下巻）

### 仏智が拓く愛と悟りの世界

中道、涅槃、空、無我、仏性など、仏教の中核理論を分かりやすく解説した本書は、化石化した仏教を現代に蘇らせ、再び生命を与える。釈迦の真意がここにある。

1,748円

---

# 沈黙の仏陀

### ザ・シークレット・ドクトリン

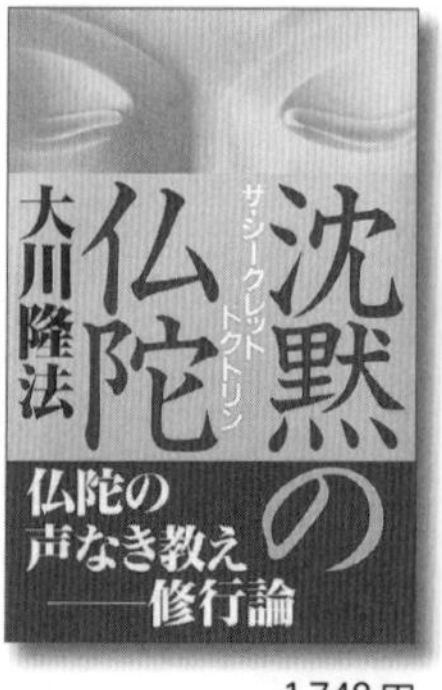


本書は、戒律や禅定などを平易に説き、仏教における修行のあり方を明らかにする。現代人に悟りへの道を示す、神秘の書。

1,748円

※表示価格は本体価格（税別）です。

## 大川隆法ベストセラーズ・仏教思想の真髄とは

### 永遠の仏陀
**不滅の光、いまここに**

すべての者よ、無限の向上を目指せ――。大宇宙を創造した久遠仏が、生きとし生ける存在に託された願いとは。

1,800円

### 釈迦の本心
**よみがえる仏陀の悟り**

釈尊の出家・成道を再現し、その教えを現代人に分かりやすく書き下ろした仏教思想入門。読者を無限の霊的進化へと導く。

2,000円

### 仏陀再誕
**縁生の弟子たちへのメッセージ**

我、再誕す。すべての弟子たちよ、目覚めよ――。二千五百年前、インドの地において説かれた釈迦の直説金《じきせつこん》口《く》の教えが、現代に甦る。

1,748円

## 大川隆法 ベストセラーズ・「幸福の科学大学」が目指すもの

# 宗教学から観た「幸福の科学」学・入門

1,500円

### 立宗 27 年目の未来型宗教を分析する

幸福の科学とは、どんな宗教なのか。教義や活動の特徴とは？ 他の宗教との違いとは？ 総裁自らが、宗教学の見地から「幸福の科学」を分析する。

# 仏教学から観た「幸福の科学」分析

1,500円

### 東大名誉教授・中村元と仏教学者・渡辺照宏のパースペクティブ（視覚）から

仏教は「無霊魂説」ではない！ 仏教学の権威 中村元氏の死後 14 年目の衝撃の真実と、渡辺照宏氏の天上界からのメッセージを収録。

# 幸福の科学の基本教義とは何か

1,500円

### 真理と信仰をめぐる幸福論

進化し続ける幸福の科学──本当の幸福とは何か。永遠の真理とは？ 信仰とは何なのか？ 総裁自らが説き明かす未来型宗教を知るためのヒント。

# 比較宗教学から観た「幸福の科学」学・入門

1,500円

### 性のタブーと結婚・出家制度

同性婚、代理出産、クローンなど、人類の新しい課題への答えとは？ 未来志向の「正しさ」を求めて、比較宗教学の視点から、仏陀の真意を検証する。

※表示価格は本体価格（税別）です。

## 大川隆法シリーズ・最新刊（幸福論シリーズ）

# 北条政子の幸福論
# ―嫉妬・愛・女性の帝王学―

現代女性にとっての幸せのカタチとは何か。夫である頼朝を将軍に出世させ、自らも政治を取り仕切った北条政子が、成功を目指す女性の「幸福への道」を語る。

1,500円

# 孔子の幸福論

聖人君子の道を説いた孔子は、現代をどう見るのか。各年代別の幸福論から理想の政治、そして現代の国際潮流の行方まで、儒教思想の真髄が明かされる。

1,500円

# ムハンマドの幸福論

西洋文明の価値観とは異なる「イスラム世界」の幸福とは何か？　イスラム教の開祖・ムハンマドが、その「信仰」から「国家観」「幸福論」までを語る。

1,500円

# パウロの信仰論・伝道論・幸福論

キリスト教徒を迫害していたパウロは、なぜ大伝道の立役者となりえたのか。「ダマスコの回心」の真実、贖罪説の真意、信仰のあるべき姿を、パウロ自身が語る。

1,500円

※表示価格は本体価格（税別）です。

## 大川隆法シリーズ・**最新刊**

# 幸福の科学大学創立者の精神を学ぶI（概論）

### 宗教的精神に基づく学問とは何か

いま、教育界に必要な「戦後レジームからの脱却」とは何か。新文明の創造を目指す幸福の科学大学の「建学の精神」を、創立者みずからが語る。

1,500円

# 幸福の科学大学創立者の精神を学ぶII（概論）

### 普遍的真理への終わりなき探究

「知識量の増大」と「専門分化」が急速に進む現代の大学教育に必要なものとは何か。幸福の科学大学創立者が「新しき幸福学」の重要性を語る。

1,500円

# 文部科学大臣・下村博文守護霊インタビュー②

### 大学設置・学校法人審議会の是非を問う

「学問の自由」に基づく新大学の新設を、"密室政治"によって止めることは許されるのか？ 文科大臣の守護霊に、あらためてその真意を問いただす。

1,400円

※表示価格は本体価格（税別）です。

## 大川隆法シリーズ・**最新刊**

# 幸福学概論

個人の幸福から企業・組織の幸福、そして国家と世界の幸福まで、1600 冊を超える著書で説かれた縦横無尽な「幸福論」のエッセンスがこの一冊に!

1,500円

# ザ・ヒーリングパワー

**病気はこうして治る**

ガン、心臓病、精神疾患、アトピー……。スピリチュアルな視点から「心と病気」のメカニズムを解明。この一冊があなたの病気に奇跡を起こす!

1,500円

# エクソシスト概論

**あなたを守る、「悪魔祓い」の基本知識Q＆A**

悪霊・悪魔は実在する! 憑依現象による不幸や災い、統合失調症や多重人格の霊的背景など、六大神通力を持つ宗教家が明かす「悪魔祓い」の真実。

1,500円

Noblesse《ノーブレス》 Oblige《オブリージ》

「高貴なる義務」を果たす、
「真のエリート」を目指せ。

# 幸福の科学学園
## 中学校・高等学校（那須本校）

Happy Science Academy Junior and Senior High School

私は、
教育が人間を創ると
信じている一人である。
若い人たちに、
夢とロマンと、精進、
勇気の大切さを伝えたい。
この国を、全世界を、
ユートピアに変えていく力を
出してもらいたいのだ。

（幸福の科学学園 創立記念碑より）

幸福の科学学園 創立者
大川隆法

幸福の科学学園（那須本校）は、幸福の科学の教育理念のもとにつくられた、男女共学、全寮制の中学校・高等学校です。自由闊達な校風のもと、「高度な知性」と「徳育」を融合させ、社会に貢献するリーダーの養成を目指しており、2014年4月には開校四周年を迎えました。

Noblesse《ノーブレス》 Oblige《オブリージ》

「高貴なる義務」を果たす、
「真のエリート」を目指せ。

2013年 春 開校

# 幸福の科学学園
# 関西中学校・高等学校

Happy Science Academy
Kansai Junior and Senior High School

私は日本に
真のエリート校を創り、
世界の模範としたい
という気概に満ちている。
『幸福の科学学園』は、
私の『希望』であり、
『宝』でもある。
世界を変えていく、
多才かつ多彩な人材が、
今後、数限りなく
輩出されていくことだろう。

（幸福の科学学園関西校 創立記念碑より）

幸福の科学学園 創立者
大川隆法

滋賀県大津市、美しい琵琶湖の西岸に建つ幸福の科学学園（関西校）は、男女共学、通学も入寮も可能な中学校・高等学校です。発展・繁栄を校風とし、宗教教育や企業家教育を通して、学力と企業家精神、徳力を備えた、未来の世界に責任を持つ「世界のリーダー」を輩出することを目指しています。

# 幸福の科学学園・教育の特色

## 「徳ある英才」の創造

教科「宗教」で真理を学び、行事や部活動、寮を含めた学校生活全体で実修して、ノーブレス・オブリージ（高貴なる義務）を果たす「徳ある英才」を育てていきます。

体育祭

## 天分を伸ばす「創造性教育」

教科「探究創造」で、偉人学習に力を入れると共に、日本文化や国際コミュニケーションなどの教養教育を施すことで、各自が自分の使命・理想像を発見できるよう導きます。さらに高大連携教育で、知識のみならず、知識の応用能力も磨き、企業家精神も養成します。芸術面にも力を入れます。

探究創造科発表会

## 一人ひとりの進度に合わせた「きめ細やかな進学指導」

熱意溢れる上質の授業をベースに、一人ひとりの強みと弱みを分析して対策を立てます。強みを伸ばす「特別講習」や、弱点を分かるところまでさかのぼって克服する「補講」や「個別指導」で、第一志望に合格する進学指導を実現します。

授業の様子

## 自立心と友情を育てる「寮制」

寮は、真なる自立を促し、信じ合える仲間をつくる場です。親元を離れ、団体生活を送ることで、縦・横の関係を学び、力強い自立心と友情、社会性を養います。

毎朝夕のお祈りの時間

# 幸福の科学学園の進学指導

## 1 英数先行型授業

受験に大切な英語と数学を特に重視。「わかる」（解法理解）まで教え、「できる」（解法応用）、「点がとれる」（スピード訓練）まで繰り返し演習しながら、高校三年間の内容を高校二年までにマスター。高校二年からの文理別科目も余裕で仕上げられる効率的学習設計です。

## 2 習熟度別授業

英語・数学は、中学一年から習熟度別クラス編成による授業を実施。生徒のレベルに応じてきめ細やかに指導します。各教科ごとに作成された学習計画と、合格までのロードマップに基づいて、大学受験に向けた学力強化を図ります。

## 3 基礎力強化の補講と個別指導

基礎レベルの強化が必要な生徒には、放課後や夕食後の時間に、英数中心の補講を実施。特に数学においては、授業の中で行われる確認テストで合格に満たない場合は、できるまで徹底した補講を行います。さらに、カフェテリアなどでの質疑対応の形で個別指導も行います。

## 4 特別講習

夏期・冬期の休業中には、中学一年から高校二年まで、特別講習を実施。中学生は国・数・英の三教科を中心に、高校一年からは五教科でそれぞれ実力別に分けた講座を開講し、実力養成を図ります。高校二年からは、春期講習会も実施し、大学受験に向けて、より強化します。

## 5 幸福の科学大学(仮称・設置認可申請中)への進学

二〇一五年四月開学予定の幸福の科学大学への進学を目指す生徒を対象に、推薦制度を設ける予定です。留学用英語や専門基礎の先取りなど、社会で役立つ学問の基礎を指導します。

授業の様子

**詳しい内容、パンフレット、募集要項のお申し込みは下記まで。**


**幸福の科学学園 関西中学校・高等学校**

〒520-0248
滋賀県大津市仰木の里東2-16-1
TEL.077-573-7774
FAX.077-573-7775
[公式サイト]
www.kansai.happy-science.ac.jp
[お問い合わせ]
info-kansai@happy-science.ac.jp

**幸福の科学学園 中学校・高等学校**

〒329-3434
栃木県那須郡那須町梁瀬 487-1
TEL.0287-75-7777
FAX.0287-75-7779
[公式サイト]
www.happy-science.ac.jp
[お問い合わせ]
info-js@happy-science.ac.jp

仏法真理塾

# サクセスNo.1

未来の菩薩を育て、仏国土ユートピアを目指す！

サクセスNo.1 東京本校（戸越精舎内）

## 仏法真理塾「サクセスNo.1」とは

宗教法人幸福の科学による信仰教育の機関です。信仰教育・徳育にウエイトを置きつつ、将来、社会人として活躍するための学力養成にも力を注いでいます。

「サクセスNo.1」のねらいには、「仏法真理と子どもの教育面での成長とを一体化させる」ということが根本にあるのです。

大川隆法総裁　御法話「『サクセスNo.1』の精神」より

# 仏法真理塾「サクセスNo.1」の教育について

## 信仰教育が育む健全な心

御法話拝聴や祈願、経典の学習会などを通して、仏の子としての「正しい心」を学びます。

## 学業修行で学力を伸ばす

忍耐力や集中力、克己心を磨き、努力によって道を拓く喜びを体得します。

## 法友との交流で友情を築く

塾生同士の交流も活発です。お互いに信仰の価値観を共有するなかで、深い友情が育まれます。

●サクセスNo.1は全国に、本校・拠点・支部校を展開しています。

| | | |
|---|---|---|
| 東京本校 | TEL.03-5750-0747 | FAX.03-5750-0737 |
| 名古屋本校 | TEL.052-930-6389 | FAX.052-930-6390 |
| 大阪本校 | TEL.06-6271-7787 | FAX.06-6271-7831 |
| 京滋本校 | TEL.075-694-1777 | FAX.075-661-8864 |
| 神戸本校 | TEL.078-381-6227 | FAX.078-381-6228 |
| 西東京本校 | TEL.042-643-0722 | FAX.042-643-0723 |
| 札幌本校 | TEL.011-768-7734 | FAX.011-768-7738 |
| 福岡本校 | TEL.092-732-7200 | FAX.092-732-7110 |
| 宇都宮本校 | TEL.028-611-4780 | FAX.028-611-4781 |
| 高松本校 | TEL.087-811-2775 | FAX.087-821-9177 |
| 沖縄本校 | TEL.098-917-0472 | FAX.098-917-0473 |
| 広島拠点 | TEL.090-4913-7771 | FAX.082-533-7733 |
| 岡山本校 | TEL.086-207-2070 | FAX.086-207-2033 |
| 北陸拠点 | TEL.080-3460-3754 | FAX.076-464-1341 |
| 大宮拠点 | TEL.048-778-9047 | FAX.048-778-9047 |

全国支部校のお問い合わせは、
サクセスNo.1 東京本校（TEL. 03-5750-0747）まで。

メール info@success.irh.jp

# エンゼルプランV

信仰教育をベースに、知育や創造活動も行っています。

信仰に基づいて、幼児の心を豊かに育む情操教育を行っています。また、知育や創造活動を通して、ひとりひとりの子どもの個性を大切に伸ばします。お母さんたちの心の交流の場ともなっています。

TEL 03-5750-0757　FAX 03-5750-0767
メール angel-plan-v@kofuku-no-kagaku.or.jp

# ネバー・マインド

不登校の子どもたちを支援するスクール。

「ネバー・マインド」とは、幸福の科学グループの不登校児支援スクールです。「信仰教育」と「学業支援」「体力増強」を柱に、合宿をはじめとするさまざまなプログラムで、再登校へのチャレンジと、進路先の受験対策指導、生活リズムの改善、心の通う仲間づくりを応援します。

TEL 03-5750-1741　FAX 03-5750-0734
メール nevermind@happy-science.org

## ユー・アー・エンゼル!（あなたは天使!）運動

障害児の不安や悩みに取り組み、ご両親を励まし、勇気づける、障害児支援のボランティア運動です。学生や経験豊富なボランティアを中心に、全国各地で、障害児向けの信仰教育を行っています。保護者向けには、交流会や、医療者・特別支援教育者による勉強会、メール相談を行っています。

TEL 03-5750-1741　FAX 03-5750-0734
メール you-are-angel@happy-science.org

## シニア・プラン21

生涯反省で人生を再生・新生し、希望に満ちた生涯現役人生を生きる仏法真理道場です。週1回、開催される研修には、年齢を問わず、多くの方が参加しています。現在、全国8カ所（東京、名古屋、大阪、福岡、新潟、仙台、札幌、千葉）で開校中です。

東京校 TEL 03-6384-0778　FAX 03-6384-0779
メール senior-plan@kofuku-no-kagaku.or.jp

# 入会のご案内

## あなたも、幸福の科学に集い、ほんとうの幸福を見つけてみませんか？

幸福の科学では、大川隆法総裁が説く仏法真理をもとに、「どうすれば幸福になれるのか、また、他の人を幸福にできるのか」を学び、実践しています。

### 入会

大川隆法総裁の教えを信じ、学ぼうとする方なら、どなたでも入会できます。入会された方には、『入会版「正心法語」』が授与されます。（入会の奉納は1,000円目安です）

**ネット**でも**入会**できます。詳しくは、下記URLへ。
**happy-science.jp/joinus**

### 三帰《さんき》誓願《せいがん》

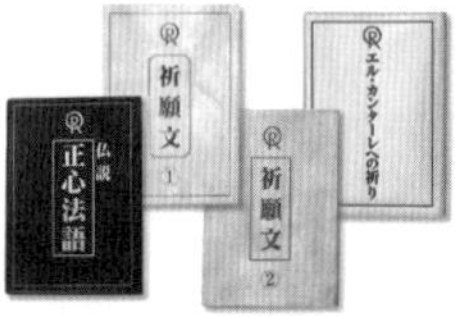


仏弟子としてさらに信仰を深めたい方は、仏・法・僧の三宝への帰依を誓う「三帰誓願式」を受けることができます。三帰誓願者には、『仏説・正心法語』『祈願文①』『祈願文②』『エル・カンターレへの祈り』が授与されます。

### 植福《しょくふく》の会

植福は、ユートピア建設のために、自分の富を差し出す尊い布施の行為です。布施の機会として、毎月1口1,000円からお申込みいただける、「植福の会」がございます。

「植福の会」に参加された方のうちご希望の方には、幸福の科学の小冊子（毎月1回）をお送りいたします。詳しくは、下記の電話番号までお問い合わせください。

月刊「幸福の科学」

ザ・伝道

ヤング・ブッダ

ヘルメス・エンゼルズ

INFORMATION
**幸福の科学サービスセンター**
**TEL. 03-5793-1727**（受付時間 火～金：10～20時／土・日：10～18時）
宗教法人 幸福の科学 公式サイト **happy-science.jp**